ÄGYPTEN

Idee:
Emilie Beaumont

Text:
Philippe Simon
Marie-Laure Bouet

Illustrationen:
Manuela Cappon
François Vincent
M.I.A.: Giampietro Costa

Aus dem Französischen von
Regina Enderle

FLEURUS VERLAG

Eine sehr

In der Jungsteinzeit leben die Menschen im Niltal in einfachen Hütten. Die Wände bestehen aus getrockneten Tierhäuten oder geflochtenem Schilf, das mit Lehm abgedichtet wird.

In vorgeschichtlicher Zeit herrscht in Ägypten ein völlig anderes Klima als heute. Es ist warm und feucht. Wüsten gibt es nicht. An ihrer Stelle erstrecken sich Wälder und Grünland.

Wo leben die ersten Bewohner Ägyptens?

Sie leben auf den Hochebenen entlang des Nils. Sie sind Nomaden und ziehen als Jäger und Sammler durch das Land. Im Niltal gehen sie fischen und holen Schilf und Papyrus aus den Sümpfen. Die Menschen jener Zeit machen Pfeilspitzen aus Feuerstein und Harpunen aus Knochen.

Wann besiedeln die Menschen das Niltal?

Ungefähr um 4000 v. Chr. wird das Klima trockener. Nach und nach verschwinden die Wälder und Grünflächen auf den Hochebenen. Die Menschen ziehen sich in das Niltal zurück, wo es ausreichend Wasser gibt. In der Jungsteinzeit weben sie Stoffe aus Fasern und flechten Körbe. Sie jagen Löwen, Nilpferde und Krokodile.

Aus Jägern werden Bauern

Die Menschen lernen den fruchtbaren Schlamm zu nutzen, den das Nilhochwasser anschwemmt, und werden Ackerbauern. Sie pflanzen Gerste und Weizen an und halten Rinder, Schweine, Ziegen und Hunde. Dörfer werden gegründet und die Ernten werden in Silos eingelagert. Je nach Region werden unterschiedliche Keramiken, Glas- und Emailgefäße gefertigt. Die Menschen können auch schon Personen auf Reliefs darstellen.

Tote und ihre Grabbeigaben

Bereits in jener Zeit werden die Toten am Rand der Wüste beerdigt, wo das Flusswasser die Gräber nicht

alte Geschichte

Im Niltal

erreichen kann. In der trockenen Umgebung wird der in Binden gewickelte Körper konserviert. Der Kopf des Verstorbenen ist nach Westen ausgerichtet, also dorthin, wo die Sonne untergeht. Dem Toten werden Schmuck und kleine Gegenstände aus Knochen mit in das Grab gelegt, die ihn vor Unglück schützen sollen.

Geburt einer großen Zivilisation

Verschiedene Funde beweisen, dass die Kunst in Ägypten schon vor der Pharaonenzeit hoch entwickelt ist. In jener Epoche tauchen auch die ersten Hieroglyphen auf. Mit der Zeit bilden sich zwei Königreiche: das eine im Norden im Nildelta, das andere im Süden im Niltal. Bald wird ein König über das geeinte Reich herrschen. Die außerordentliche Geschichte Ägyptens und seiner Pharaonen beginnt.

Das Messer mit einer Klinge aus Feuerstein und einem Schaft aus geschnitztem Nilpferd-Elfenbein entstand um 4000 v. Chr.

Die Figuren aus Ton und Basalt wurden vor über 5000 Jahren geschaffen.

Ägypten, ein

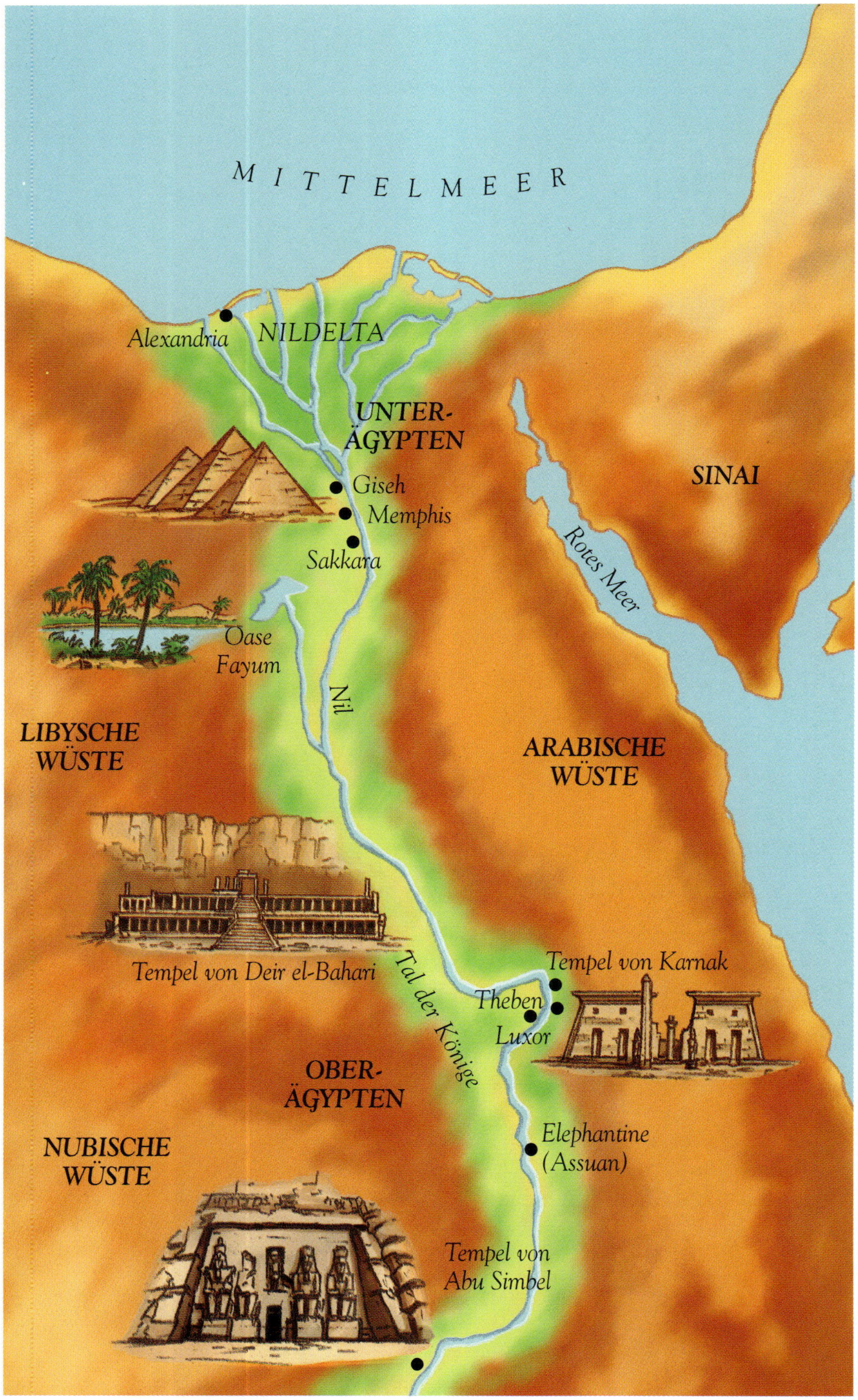

In Ägypten gibt es fast nur Wüste. Einzig der Nil, der längste Fluss Afrikas, bringt Wasser in die Region. Er fließt von Süden nach Norden in einem weiten Tal durch ganz Ägypten, verbreitert sich in Küstennähe zu einem sumpfigen Delta und mündet schließlich ins Mittelmeer.

Warum sagt man, dass Ägypten ein Geschenk des Nils ist?

Zwischen der Libyschen Wüste im Westen und der Arabischen Wüste im Osten herrscht ein trockenes und menschenfeindliches Klima. Nur im Niltal und im Nildelta lässt es sich gut leben. Das Wasser des Nils macht das Klima milder und schafft gute Voraussetzungen für das Pflanzenwachstum. Aus diesen Gründen beschließen die Menschen sich an den Ufern des Nils niederzulassen. Ohne die regelmäßige Nilschwemme wäre ein Leben nicht möglich. Der griechische Geschichtsschreiber Herodot, der Ägypten im 5. Jahrhundert v. Chr. besucht, schreibt daher: „*Ägypten ist ein Geschenk des Nils*."

Geschenk des Nils

Die Ägypter beobachten den Wasserstand des Nils mit einem Nilometer.

Wo entspringt der Nil?

Der Nil ist 6700 km lang und bildet sich aus dem Zusammenfluss des Blauen und des Weißen Nils bei Khartum. Der Blaue Nil entspringt dem Tanasee im Hochland Äthiopiens. Der Weiße Nil ist eine Vereinigung des Viktoria-Nils (aus dem Viktoriasee) und dem Quellfluss aus dem Gebiet des Tanganjikasees.

Warum ist der Boden im Niltal und im Delta so fruchtbar?

Jedes Jahr lassen die starken tropischen Regenfälle im äthiopischen Hochland die Quellflüsse des Nils anschwellen. Im Niltal und -delta führt dies zu Hochwasser, zur so genannten Nilschwelle, bei der die Felder überschwemmt werden. Ab Oktober zieht sich das Wasser wieder zurück und lässt eine Schicht fruchtbaren Schlamms zurück. Der Nilschlamm besteht aus mineralischen Gesteinsteilchen und verrottenden Pflanzenteilen.

Wer ist der Gott des Nils?

Es ist der Gott Hapy. Er sieht aus wie ein Mann mit rundem Bauch und Brüsten. Der Pharao bringt ihm Opfergaben dar, damit die Nilschwemme reichliche, doch nicht übermäßige Fluten bringt. Steigt der Fluss nicht genug an, sind die Ernten mager. Ist das Hochwasser zu stark, werden die Dörfer zerstört.

Das rote Land und das schwarze Land

Da der Nilschlamm dunkel ist, nennen die Ägypter das Tal und das Delta des Nils *Kemet* (schwarzes Land). Die Wüstenregionen dagegen, die nie vom Hochwasser erreicht werden, heißen *Descheret* (rotes Land).

Hapy, der Gott des Nils

Das Ägypten

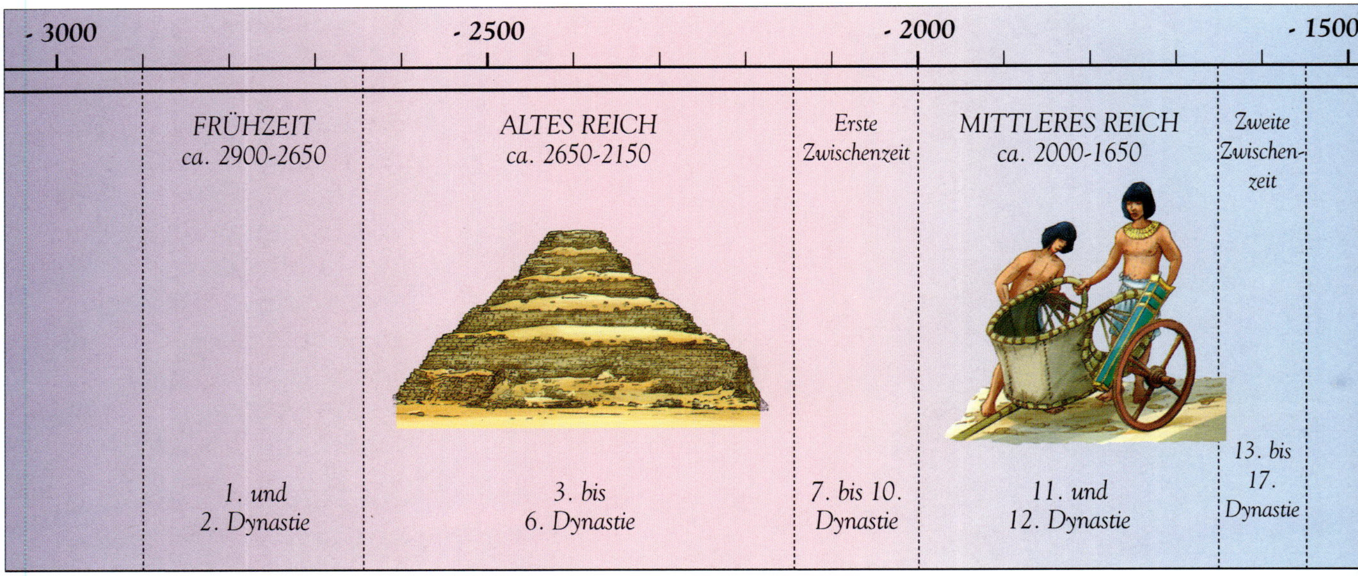

In der Geschichte des alten Ägypten nimmt das Ägypten der Pharaonen die längste Zeitspanne und die wichtigste Stellung ein. In dieser Zeit herrschen die Gottkönige, die so genannten Pharaonen, über das Land. Die Epoche der Pharaonen ist länger als die folgende Epoche von der Geburt Jesu bis in unsere Zeit. Den Historikern zufolge beginnt sie um 2900 v. Chr.

Wer ist der erste Pharao?
Dem ägyptischen Hohepriester Manetho gemäß, der im 3. Jahrhundert v. Chr. lebte, hieß der erste Pharao Menes oder Narmer. Der in Oberägypten herrschende König soll Unterägypten erobert und das Reich vereint haben. Narmer ist der Gründer der Hauptstadt Memphis. Einzig eine erhalten gebliebene Schminktafel aus Stein des Königs Narmer mit Szenen der Eroberung bezeugt diese Geschichte. Narmer gilt als Gründer der ersten Dynastie der ägyptischen Pharaonen.

Was ist eine Dynastie?
Eine Dynastie besteht aus mehreren aufeinander folgenden Pharaonen aus einem Herrscherhaus. Zu manchen Dynastien gehören nur die Mitglieder einer ganz bestimmten Familie. Die Dynastien werden nach ihrer zeitlichen Abfolge durchnummeriert, sodass man sie voneinander unterscheiden kann.

Die Schminktafel aus Stein des Königs Narmer: Dargestellt ist Narmer (oder Menes) bei der Eroberung Unterägyptens.

der Pharaonen

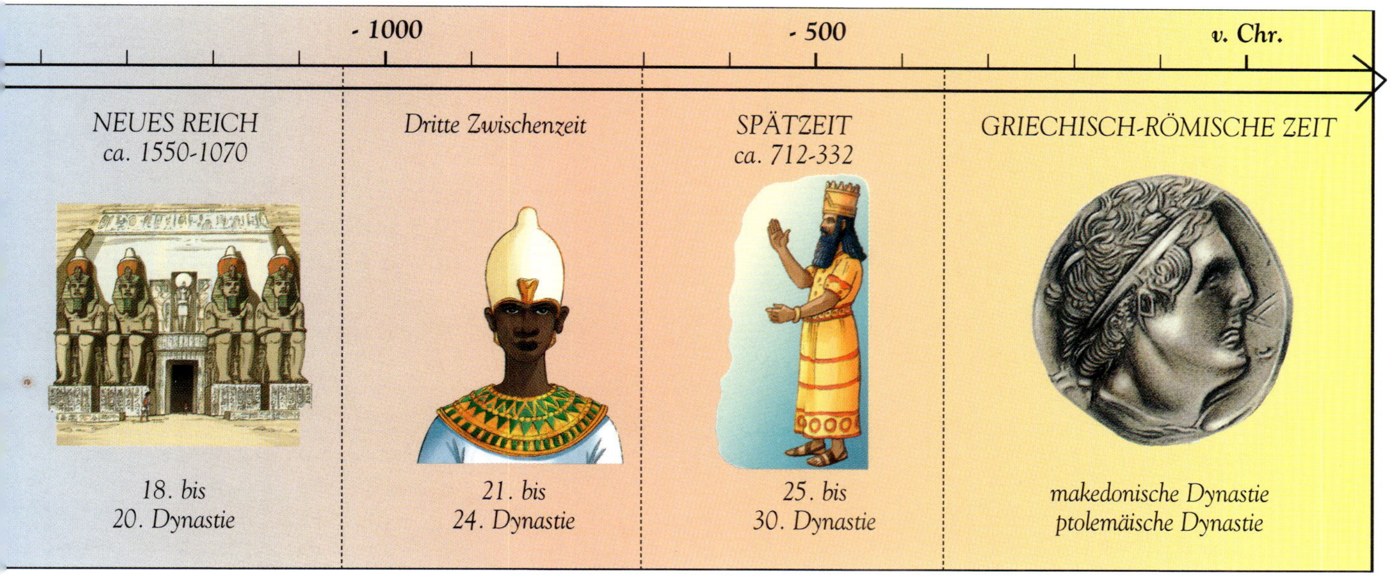

Die wichtigsten Epochen

Die Ägyptologen unterteilen die altägyptische Geschichte in vier große Epochen: das Alte Reich, das Mittlere Reich, das Neue Reich und die Spätzeit. In jeder Epoche herrschen mehrere Pharaonen nacheinander. Die ruhmreichen Zeitalter sind von Zwischenzeiten unterbrochen. Die Zwischenzeiten sind von Unruhen bestimmt, in denen das Reich durch innere Streitigkeiten oder Angriffe von außen geschwächt ist.

Wann endet die Zeit der Pharaonen?

Für die Historiker endet das Ägypten der Pharaonen mit der Eroberung durch die Griechen im Jahr 332 v. Chr. Bis dahin herrschen in 26 Jahrhunderten 30 Dynastien und ungefähr 350 Pharaonen besteigen den Thron. Man kann aber auch den Tod von Kleopatra im Jahr 30 v. Chr. und die anschließende Eroberung Ägyptens durch die Römer als das Ende der Pharaonenzeit ansehen.

Was macht das alte Ägypten so faszinierend?

Nicht nur die Völker der Antike waren fasziniert von der ägyptischen Kultur. Noch heute wird sie bestaunt und bewundert. In den Bereichen der Technik und der Kunst gelangte sie zu hoher Blüte. Die monumentalen Bauten, die davon zeugen, sind bis heute einzigartig.

Der Makedonier Alexander der Große, der mit seinem Heer ab 332 v. Chr. ganz Ägypten besetzt.

Das Alte Reich –

Die Stufenpyramide bei Sakkara ist die erste Pyramide der Welt.

Die herausragendste Leistung im Alten Reich ist der Bau der Pyramiden. Die erste Blütezeit der ägyptischen Geschichte beginnt 2650 v. Chr.

Warum baut man Pyramiden?

Die Ägypter glauben, dass es ein Leben nach dem Tod gibt. Bedingung dafür ist allerdings, dass die sterblichen Überreste des Toten erhalten und geschützt werden. Die ersten Pharaonen lassen sich in einer Grabkammer beerdigen, über der ein Grabmal aus Lehmziegeln errichtet wird: die Mastaba. Unter der 3. Dynastie, während der Herrschaft von Djoser, werden die Lehmziegel durch Stein ersetzt und fünf weitere Mastabas übereinander gebaut, sodass eine Stufenmastaba entsteht. Vielleicht wollten die Pharaonen auf diese Weise der Sonne näher sein. Die erste, für Djoser erbaute Stufenpyramide steht in Sakkara, nahe der Hauptstadt Memphis. Sie ist das älteste Steinbauwerk der Welt. Die auf Djoser folgenden Pharaonen wollen ihn noch übertreffen und perfekte Pyramiden bauen. Den Architekten von Pharao Cheops gelingt schließlich mit dem Bau der Großen Pyramide von Giseh ein wahres Wunderwerk (siehe S. 94).

Und die Tempel?

Der Pharao gilt als Sohn des Sonnengottes Re. Im Alten Reich verbreitet sich der Sonnenglaube und Re wird im ganzen Land verehrt. Es

Im Alten Reich stellen die Bildhauer den Pharao als jungen, schönen Mann dar – wie hier Mykerinos.

Zeit der Pyramiden

Aus Nubien, dem Sinai und dem Land Punt kehren die Expeditionen mit Gold, Granit, Holz, Edelsteinen und Fellen heim, die den Reichtum des Landes mehren.

sich die ägyptischen Provinzen um die Vorherrschaft. Die Zeit der Unruhen und Wirren im Land dauert drei Jahrhunderte. Die Historiker nennen diesen Zeitabschnitt die Erste Zwischenzeit. Die Macht der Pharaonen ist geschwächt. Das Reich ist erneut in Ober- und Unterägypten gespalten.

Im Alten Reich ziehen Handelsexpeditionen nach Norden und Süden und kehren mit unterschiedlichen Waren heim.

entstehen zahlreiche Tempel, die ihm geweiht sind.

Handelsexpeditionen
Im Niltal gibt es wenige Erze und kaum Holz. Der Pharao beschließt daher, mit einer Armee über den ersten Katarakt hinaus nach Nubien in den Süden vorzustoßen. Ein Katarakt ist eine Verengung des Flusstals mit Stromschnellen. Die Soldaten, die die Eselkarawanen führen, bringen Gold und Granit zurück. Im Norden wagt die Armee sich in die Wüste Sinai vor und sucht nach Kupfer und Türkisen. Die Schiffe im Roten Meer gelangen bis in das Land Punt, das im heutigen Äthiopien liegt. Von diesen Handelsfahrten kommen sie mit Ebenholz, Weihrauch, Leopardenfellen und Elefantenstoßzähnen zurück – lauter Schätzen, die es in Ägypten nicht gibt.

Wann endet das Alte Reich?
Unter Pepi II., dem letzten König der 6. Dynastie, bricht das Alte Reich zusammen. Pepi besteigt den Thron im Alter von sechs Jahren und herrscht 94 Jahre lang! Doch seine Macht verfällt während seiner Regierungszeit mehr und mehr und nach seinem Tod streiten

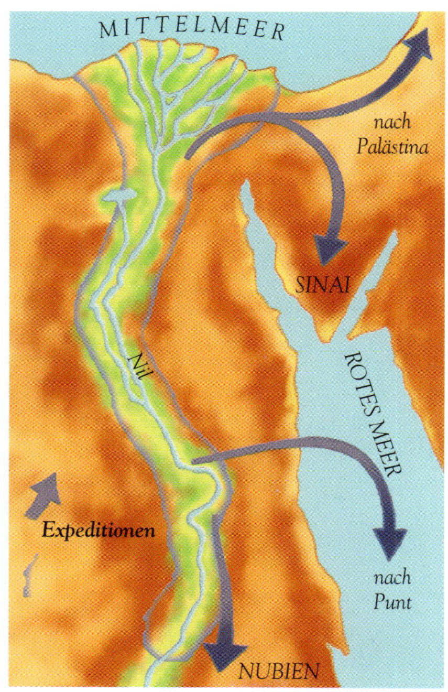

Das Mittlere Reich –

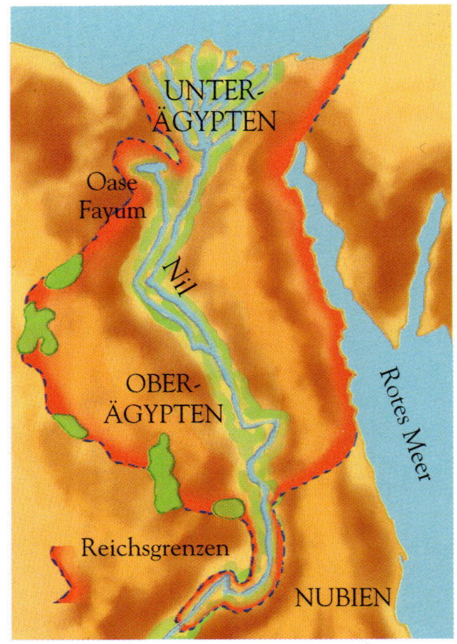

Das Mittlere Reich in seiner größten Ausdehnung – bevor Feinde aus dem Norden ins Land einfallen.

Im Jahr 2040 v. Chr. kann Pharao Mentuhotep die beiden ägyptischen Reiche erneut vereinigen. Es ist der Beginn des Mittleren Reiches, einer neuen Ära des Wohlstands, in der sich das Land nach Süden und Nordosten ausdehnt.

Die Pharaonen vergrößern das Reich

Sesostris I. will über die Goldminen von Nubien verfügen. Er stellt eine mächtige Armee auf und besetzt das Land. Er erreicht den dritten Katarakt des Nils und lässt mehrere Festungen errichten, um sein Reich zu verteidigen. Sesostris III. seinerseits führt vier Feldzüge gegen Palästina an und erobert neue Länder, aus denen Zedernholz kommt. Er kämpft auch in Nubien, um seine Macht zu festigen. Niemals zuvor war Ägypten so groß und mächtig.

Bewässerung der Felder

Die ägyptische Bevölkerung wächst. Das Volk braucht mehr Lebensmittel. Um die Erträge zu steigern, beginnen die Bauern damit,

Pharao Mentuhotep einigt Unter- und Oberägypten. Das Mittlere Reich entsteht.

Zeit der Eroberungen

Die Oase Fayum

Pharao Sesostris III.

Die Ägypter verlieren die von Pharao Sesostris III. eroberten Gebiete im Süden des Reiches wieder an die Nubier.

ihre Felder in der Trockenzeit zu bewässern. Sie bauen Wasserrückhaltebecken, ziehen Kanäle um ihre Äcker und leiten das Nilwasser hinein. Eine wichtige Rolle spielt auch die Landgewinnung. Dazu werden im Norden Ägyptens die Sümpfe in der Oase Fayum in der Libyschen Wüste trockengelegt.

Wann endet das Mittlere Reich?

Ab 1785 v. Chr. können die schwachen Herrscher der 13. und 14. Dynastie den einfallenden Hyksos nichts mehr entgegensetzen. Die aus Syrien, Palästina und Arabien kommenden Nomaden lassen sich im Nildelta nieder, wo sie ihre Hauptstadt gründen und zwei Jahrhunderte lang über Unterägypten herrschen. Die Hyksos führen einige Neuerungen in Ägypten ein wie Pferde, Streitwagen, senkrechte Webstühle, Musikinstrumente, Äpfel und Oliven. Das Mittlere Reich geht in die Zweite Zwischenzeit über.

Von den Hyksos übernehmen die Ägypter Pferde, Streitwagen und Zuggeschirre. Das alles war ihnen bis dahin unbekannt.

Das Neue Reich –

Das Neue Reich beginnt um 1560 v. Chr. mit der Vertreibung der Hyksos unter der Herrschaft von Ahmose.

Unter der Herrschaft von Ramses III. müssen die Ägypter Angreifer von Westen und Osten abwehren.

Das Neue Reich beginnt um 1550 v. Chr. Das wiedervereinigte Ägypten gewinnt an Macht. Die ruhmreiche Zeit währt fünf Jahrhunderte lang. Die Pharaonen lassen überwältigende Tempel errichten und werden von nun an im Tal der Könige bestattet.

Ägypten steigt zur Weltmacht auf

Ahmose, der Gründer der 18. Dynastie, vertreibt um 1560 v. Chr. die Hyksos und einigt die beiden Königreiche. Im Süden kämpft er gegen die Nubier und erobert die Gebiete zurück, die während der Zweiten Zwischenzeit verloren gegangen waren. Thutmosis I. setzt die Eroberung Nubiens fort und verschiebt die Südgrenze Ägyptens bis zum dritten Nilkatarakt. Später dehnt Thutmosis III. den ägyptischen Einflussbereich im Norden bis nach Phönizien und im Osten bis nach Syrien und bis zum Fluss Euphrat aus. Im Süden dringt er bis zum vierten Katarakt des Nils vor. Ägypten ist nun die größte Weltmacht. Unglaubliche Reichtümer gelangen in das Reich: Gold, Edelholz, Sklaven, Tierherden, Streitwagen… Zur Sicherung des Friedens schließen die Pharaonen mit den Herrschern der Nachbarländer Abkommen.

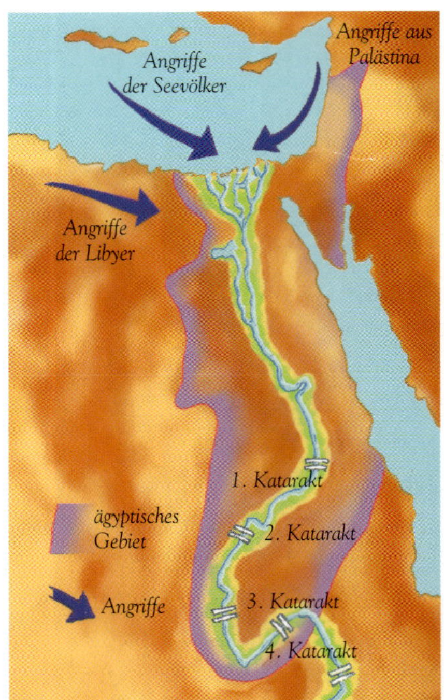

goldenes Zeitalter

Die vier Kolossalstatuen vor dem Tempel von Abu Simbel stellen Ramses II. dar. Sie sind 20 m hoch.

Wie lange lebt das Reich in Frieden?

Zwei Jahrhunderte lang gibt es in Ägypten keine ernsthaften Konflikte. Danach müssen die Pharaonen die Grenzen erneut verteidigen. Ramses II. kann die Hethiter, ein Volk aus der heutigen Türkei, in der berühmten Schlacht von Kadesch im Norden Palästinas zurückschlagen. Er muss die Verteidigungslinien im Westen des Nildeltas verstärken, um die Angriffe der Libyer abzuwehren. Ramses III. bekämpft zu Wasser und zu Land die Seevölker, die aus Griechenland, Kreta und Palästina über das Mittelmeer nach Ägypten kommen.

Monumentale Bauwerke

In Theben, das auch unter der 18. Dynastie die Hauptstadt Ägyptens bleibt, vergrößern und verschönern die Pharaonen den Tempel von Karnak. Er wurde im Mittleren Reich erbaut. Amenophis III. fügt zu dieser riesigen Anlage noch den Tempel von Luxor hinzu. Die nachfolgenden Pharaonen lassen überall im Land kolossale Bauwerke errichten. Die Königin Hatschepsut gibt den Totentempel von Deir el-Bahari in Auftrag (siehe S. 32). Ramses II. lässt bei Abu Simbel einen riesigen Felsentempel in den Stein hauen.

Warum lassen sich die Pharaonen im Tal der Könige bestatten?

Die Pharaonen des Neuen Reiches finden heraus, dass die Pyramiden ihrer Vorgänger geplündert wurden. Damit ihre sterblichen Überreste nicht das gleiche Schicksal erfahren, lassen sie ihr Grab an einem entlegenen, schwer zugänglichen Ort in den Fels hauen. Sie wählen ein Tal am linken Nilufer, gegenüber der Stadt Theben. Zahlreiche Künstler verbringen ihr ganzes Leben damit, die Grabstätten zu bauen und auszuschmücken (siehe S. 100-101).

Niedergang einer

Die aus Nubien stammenden Pharaonen nennt man Schwarze Pharaonen.

Nach dem Tod von Ramses XI. im Jahr 1069 v. Chr. wird Ägypten erneut von Unruhen erschüttert. Trotz der Anstrengungen einiger Könige zerfällt die Macht zusehends. Das Land wird mehrere Male erobert. Im Jahr 30 v. Chr. ist Ägypten schließlich ebenso wie Gallien nur noch eine Provinz des großen Römischen Reiches.

Die Dritte Zwischenzeit

Mit dem Tod von Ramses XI. beginnt die Dritte Zwischenzeit. Sein Wesir folgt ihm auf den Thron und regiert von der neuen Hauptstadt Tanis im Nildelta aus. Er herrscht nur über Unterägypten, denn gleichzeitig erklärt sich ein Hohepriester in Theben zum Pharao von Oberägypten. Ein Jahrhundert später gelingt es einem libyschen Söldnerführer die beiden Königreiche wieder zu vereinen. Er ist der erste Pharao, der nicht Ägypter ist. Er zieht gegen Nubien und Palästina in den Krieg. Ägypten gelangt erneut zu alter Macht, doch diese ist nur von kurzer Dauer. Mit dem Ende seiner Herrschaft setzt wiederum eine Zeit der Wirren ein.

Die Zeit der „Schwarzen Pharaonen“

Die aus Nubien stammenden Pharaonen werden so genannt, weil ihre Haut schwarz ist. Pianchi und nach ihm sein Sohn Schabaka nutzen die Schwäche der ägyptischen Pharaonen, erobern das ganze Niltal und lassen sich in der Hauptstadt Tanis nieder. Die nubischen Pharaonen regieren 50 Jahre lang, doch das Volk und die Fürsten des Deltas akzeptieren die Fremdherrschaft nicht. Sie verbünden sich mit den Assyrern und stürzen die Nubier. Die Assyrer geben die Macht an die ägyptischen Pharaonen zurück. Die Hauptstadt wird nach Sais verlegt.

In der Spätzeit herrschen mehrere persische Könige über Ägypten.

großen Kultur

eine riesige Bibliothek auf, in der die Papyrusrollen der Pharaonenzeit aufbewahrt werden. Überall im Land errichtet man Tempel. Die griechische Periode geht mit der Herrschaft Kleopatras VII. zu Ende. Die Römer nutzen einen Streit zwischen der Königin und ihrem Bruder, um in Ägypten Fuß zu fassen. Im Jahr 30 v. Chr. wird das Land dem riesigen Römischen Reich einverleibt. Damit geht das Ägypten der Pharaonen endgültig unter.

Spätzeit: Kampf gegen die Perser

Um 650 v. Chr. gewinnt der Pharao Psammetich die Gebiete zurück. Doch ein Jahrhundert später überfallen die aus dem Zweistromland kommenden Perser das Land. Die persischen Könige lassen sich zu ägyptischen Pharaonen krönen. Einmal können die Ägypter sie verjagen. Doch 341 v. Chr. kommen die Perser zurück und stürzen Nektanebos II., den letzten ägyptischen Herrscher der langen Pharaonenzeit.

Die Griechen herrschen in Ägypten

Im Jahr 332 v. Chr. verjagt der berühmte makedonische Eroberer Alexander der Große die Perser aus Ägypten. Die Ägypter heißen ihn als Retter willkommen. Nach seinem Tod wird Ptolemaios, einer seiner Generäle, Pharao. Er gründet zu Ehren von Alexander eine neue Hauptstadt mit dem Namen Alexandria. Ptolemaios lässt auf der vorgelagerten Insel Pharos einen Leuchtturm errichten, der die Schiffe leiten soll. Er baut

Der Leuchtturm von Alexandria

Der Pharao

Wie wird man Pharao?

Die Tradition verlangt, dass nach dem Tod des Pharaos der erstgeborene Sohn, den ihm seine Gemahlin schenkte, neuer König wird. Wenn der Pharao keinen Sohn hat, folgt ihm sein Bruder auf den Thron. Ist der Sohn des Pharaos zu jung, übernimmt seine Mutter die Regentschaft, bis er seinen Aufgaben als König selbst nachkommen kann. Auf diese Weise kann auch eine Frau Pharao werden. Manchmal hat ein König weder Sohn noch Bruder. Dann muss der Rat der Weisen den nächsten Pharao wählen.

Der Pharao ist gleichzeitig Mensch und Gott. Als König herrscht er über das Reich Ägypten und dient als gottgleicher Hohepriester in den Tempeln. Er gilt als Sohn des Sonnengottes Re und als Verkörperung des Falkengottes Horus.

Was bedeutet das Wort „Pharao"?

Der Titel leitet sich von dem ägyptischen Wort „Per'aa" ab und bedeutet „Großes Haus". Der Pharao wird so bezeichnet, weil er alle Ägypter unter sich versammelt und für alle sorgt. Erst im Neuen Reich bezieht sich das Wort „Pharao" auf den König als Person.

Die Göttin Maat

Der Pharao lebt nach der Ordnung der Göttin Maat. Sie wird als geflügelte Frau mit einer Feder dargestellt und steht für Wahrheit und Gerechtigkeit. Maat ist die Verkörperung der guten Kräfte, nach denen der König herrschen soll.

Die Göttin Maat verlangt vom Pharao die guten Kräfte walten zu lassen.

als Gottkönig

Die Krönung
Die Krönung findet in Memphis statt. Die Priester überreichen in einer besonderen Zeremonie dem neuen Gottkönig, dem Sohn des Re, die Symbole der Macht, die so genannten Insignien. Er erhält Diadem, Geißel, Krummstab, Henkelkreuz und verschiedene Kronen. Die Priester verleihen ihm anschließend fünf Namen (siehe S. 22) und führen ihn vor einen heiligen Baum. Auf die Blätter wird der Ibisgott Thot den wahren Namen des Pharaos schreiben. Danach zeigt sich der neue Herrscher den Menschen, die ihn begeistert feiern.

Was bedeuten die verschiedenen Kronen?
Der Pharao zeigt sich nie mit bloßem Haupt. Er besitzt mehrere Kopfbedeckungen. Die weiße Krone (*Hedschet*) ist die Krone Oberägyptens, die rote Krone (*Deschret*) steht für Unterägypten. Die Doppelkrone (*Pschent*) ist ein Symbol für die Vereinigung der beiden Länder. Die Kronen werden von *Sesched*, einem Diadem in Form einer sich aufbäumenden Uräusschlange, zusammengehalten. Diese Kobra soll den Pharao beschützen. Ein weiteres Herrschersymbol ist die blaue Krone aus Straußenleder (*Chepresch*), auch Kriegshelm genannt.

Die Kleidung des Pharaos
Der Pharao trägt einen Schurz mit Falten, der von einem breiten Gürtel zusammengehalten wird. Am Gürtel hängt der Schwanz eines wilden Stiers als Zeichen der Macht. Häufig trägt er die Nemes, eine Kopfbedeckung aus Stoff in den königlichen Farben Gold und Blau.

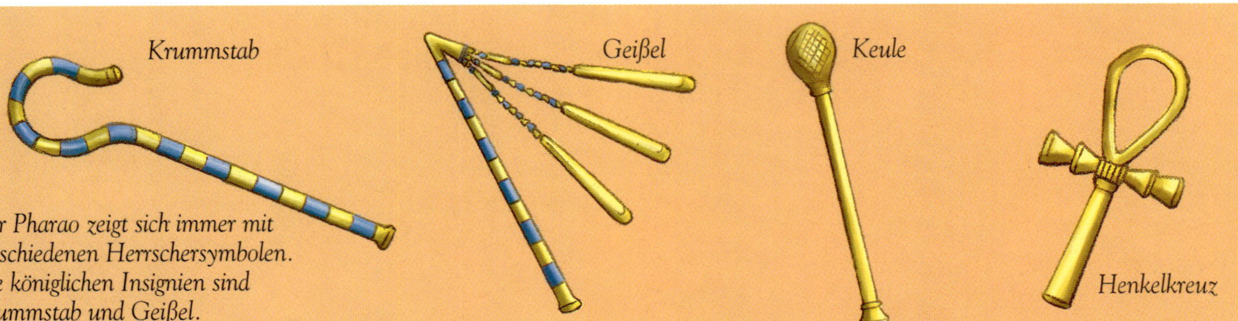

Der Pharao zeigt sich immer mit verschiedenen Herrschersymbolen. Die königlichen Insignien sind Krummstab und Geißel.

Auf den Fresken in den Tempeln wird der Pharao häufig als übermächtig dargestellt. Hier beispielsweise streckt er seine Feinde nieder.

Falscher Bart
Wie alle ägyptischen Männer rasiert sich der Pharao. Doch als Gott muss er einen Bart tragen. Deshalb hat er einen künstlichen, mit Bändern befestigten Kinnbart. Auch die weiblichen Pharaonen wie Hatschepsut tragen einen falschen Bart.

Krummstab und Geißel
Diese königlichen Insignien stammen noch aus dem frühen Ägypten. An den Krummstab hängten die Hirten ihr Bündel. Die Geißel, auch Wedel genannt, erinnert an den Dreschflegel für das Getreide.

Henkelkreuz und Keule
Diese Machtsymbole trägt der Pharao nicht immer bei sich. Das Henkelkreuz namens Anch ist das Lebenszeichen. Die Keule zeigt, dass der ägyptische König ein Kämpfer ist.

Kartuschen
Als Pharao genießt der König einen weiteren Vorzug, der nur ihm allein vorbehalten ist: Die Hieroglyphen seines Namens werden von einem ovalen Ring umrahmt. Diese Umrahmung heißt Kartusche. Sie steht als Zeichen für den Lauf der Sonne am Himmel. Während seiner Regierungszeit werden sämtliche Dinge mit der Kartusche des Pharaos markiert, vor allem Bauwerke und Tempel. Aus den verschiedenen Epochen sind zahlreiche Kartuschen erhalten.

Die fünf Namen des Pharaos
Ein Pharao empfängt fünf Namen zusätzlich zu seinem eigenen Namen:

- **Horus,** denn er wird als die Verkörperung des Falkengottes Horus angesehen;
- **Der goldene Horus,** denn sein Körper ist unveränderlich und vergeht auch nach seinem Tod nicht;
- **Die beiden Herrinnen,** sie werden von dem Geier Nechbet aus Oberägypten und der Uräusschlange Wadjet aus Unterägypten verkörpert;
- **König von Unter- und Oberägypten,** denn er ist Pharao des vereinigten Reiches;

Eine Kartusche mit dem Namen des Pharaos Haremhab

Der Pharao und seine Familie bringen dem Nilgott Hapy Opfergaben, damit die Nilschwelle für reiche Ernten in ganz Ägypten sorgt. In guten Jahren beginnt der Wasserstand ab Juni langsam zu steigen.

- **Sohn des Re,** denn der Pharao ist der Sohn des Sonnengottes und bringt das Licht in die Welt.

Welche Macht hat er?

Der Pharao hat absolute Macht. Er besitzt sämtliche Ländereien und alle Reichtümer Ägyptens. Jeder Ägypter schuldet ihm einen Teil seines Einkommens. Schreiber berechnen die Höhe der Steuern. Der König erlässt Gesetze, die alle befolgen müssen. Er verfügt über uneingeschränkte Herrschaft. Er steht sowohl der Verwaltung als auch der Armee vor.

Was sind seine Pflichten?

Nach der Legende erwählten die Götter den Pharao, um Frieden und Gerechtigkeit unter den Menschen zu schaffen. Ohne ihn würde Ägypten im Chaos versinken. Er muss die Ägypter vor ihren Feinden beschützen. Jedes Jahr bringt er dem Gott des Nils Opfergaben, damit es einen guten Nil mit genügend Hochwasser gibt. In Jahren mit schlechten Ernten holt der Pharao Nahrung aus den königlichen Kornkammern und verteilt sie an das Volk.

Vermittler zwischen Menschen und Göttern

Als von den Göttern auserwählter Nachfolger auf dem Thron ist der Pharao der oberste Hohepriester in den Tempeln des Reiches. Jeden Tag muss er mehrere Rituale vollziehen. Da der König nicht in allen Tempeln des Landes gleichzeitig sein kann, ernennt er Priester, die in seinem Namen die Rituale und Zeremonien durchführen. Um die Vielzahl der Götter zu ehren, die von den Ägyptern angebetet werden (siehe S. 76-78), lässt der Pharao viele Tempel verschönern oder baut neue.

Wie begegnet man einem Pharao?

Der Pharao ist ein höheres Wesen. Alle Personen, denen er begegnet oder denen ein Mitglied der königlichen Familie begegnet, müssen niederknien und den Kopf zum Boden senken. Auf diese Weise drücken die Ägypter Ehrfurcht und Respekt gegenüber ihrem Herrscher aus.

Eine perfekt

Der Wesir, mit einer schweren Perücke geschmückt, kann auch selbst Recht sprechen.

Der Pharao kann ein so großes Land wie Ägypten nicht allein regieren. Schon in den ersten Dynastien überträgt er diese Aufgabe dem Wesir. Als oberster Minister befehligt der im Namen des Königs alle, die für die Verwaltung des Landes arbeiten: die Beamten.

Aufgaben des Wesirs

Der vom Pharao ernannte Wesir ist nach dem König der mächtigste Mann. In einem ägyptischen Text heißt es, er sei „der Wille des Meisters und die Ohren und die Augen des Herrschers". Er kann Hieroglyphen lesen und schreiben und hat Kenntnisse in Mathematik und Geometrie. Häufig erhält der Wesir die gleiche Ausbildung wie der Pharao. Er hat ein Büro im Königspalast und spricht sich jeden Tag mit dem Herrscher ab. Seine Aufgabe ist es, die Verwaltung des Landes zu regeln und die Einheit des Reiches zu wahren. Er verwaltet auch den Palast und den Staatsschatz. Darüber hinaus kontrolliert er die Gaue – die Provinzen. Außerdem ernennt und beaufsichtigt er die Richter, die Recht sprechen, die Polizisten, die für Ordnung sorgen, und die Schreiber, die über die Amtsgeschäfte und Steuern Buch führen.

Warum ernennt der Pharao im Neuen Reich zwei Wesire?

In jener Zeit sind die Verwaltungsaufgaben so umfangreich, dass der Pharao zwei Verwaltungsbereiche schafft: Ein Wesir ist für

Im ägyptischen Verwaltungsapparat sind tausende von Schreibern beschäftigt. Sie führen die vielen Listen und Verzeichnisse.

organisierte Verwaltung

Die Wesire erkennt man an ihrer Kleidung. Sie tragen ein langes Gewand, das von einem Band um den Hals gehalten wird.

Unterägypten zuständig, ein anderer für Oberägypten. Zu den Aufgaben des Letzteren gehört zum Beispiel die Überwachung der Arbeiten am königlichen Grab im Tal der Könige.

Die Gaue

Ägypten ist in mehrere Provinzen, die so genannten Gaue, unterteilt. Im Alten Reich gibt es 38 Gaue, im Neuen Reich 42. Die Gaue werden von Mitgliedern des Adels, den Gaufürsten, regiert. Diese sind gleichzeitig Hohepriester. Jede Region besitzt ihre lokalen Gottheiten, die oft in Tiergestalt dargestellt werden. Die Gaufürsten müssen sich dem Pharao gegenüber verantworten, doch in Zeiten der Wirren kann man auch beobachten, dass sie – die obersten Reichsbeamten – ihrem König nicht mehr gehorchen. Sie erheben an seiner Stelle Steuern, stellen Armeen auf und bekämpfen sich manchmal auch untereinander. In der griechischen Epoche nennt man die Gaue „Nome".

Polizei

Die Polizei soll für Ordnung im Reich sorgen. Die Strafen sind vom jeweiligen Verbrechen abhängig. Grabräuber und andere Kriminelle können zu Zwangsarbeit verurteilt werden oder es wird ihnen eine Hand abgehackt. Die Todesstrafe ist selten.

Ein Polizist droht mit dem Arm des Gesetzes.

Eine mächtige

Die Pharaonen des Alten Reiches haben kein stehendes Heer. Sie stellen erst Truppen auf, wenn die Grenzen bedroht werden. Eine Armee entsteht erst im Mittleren Reich und entwickelt sich im Neuen Reich weiter, als die Pharaonen neue Länder erobern.

Wie sind die Soldaten ausgerüstet?

Bis ins Neue Reich kämpfen sie mit einer Axt aus Bronze und einer Lanze. Den Körper schützen sie mit einem großen Schild aus Holz oder Leder. Der Pharao setzt auch nubische Bogenschützen ein. Nach dem Einfall der Hyksos werden die Waffen immer besser. Härtere Eisenschwerter ersetzen die Bronzewaffen. Manche der Soldaten tragen eine Ledertunika mit Bronzeplättchen.

Sind viele Ägypter Soldaten?

Der Beruf des Soldaten gilt nicht als ehrenhaft. Deshalb üben ihn nur wenige Ägypter aus. Der Beruf Soldat wird häufig vom Vater an den Sohn weitergegeben. Um trotzdem eine schlagkräftige Armee zusammenzubringen, verpflichtet der Pharao besiegte feindliche Soldaten wie die nubischen Bogenschützen (siehe Abbildung) oder Kriegsgefangene. Er greift auch auf Söldner zurück. Das sind ausländische Soldaten, die ihre Dienste verkaufen.

Erste ägyptische Streitwagen

Nachdem die Hyksos Pferd und Streitwagen eingeführt haben, werden im Neuen Reich die Fußsoldaten von einer Streitwageneinheit unterstützt. Der Streitwagen ist aus Holz und mit Leder bespannt. Er wird von zwei Pferden gezogen und ist mit zwei Soldaten bemannt: der Fahrer, der das Gespann

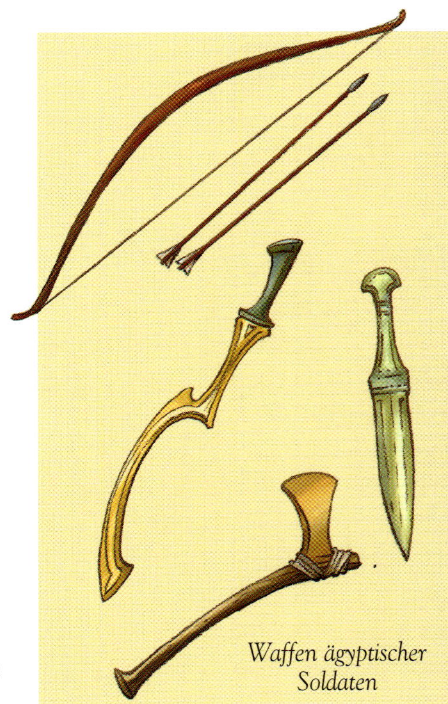

Waffen ägyptischer Soldaten

Armee

Im Mittleren Reich werden Festungen zur Verteidigung der Grenzen gebaut.

lenkt, und der Bogenschütze, der Pfeile abschießt und kurze Speere wirft.

Die Kriegsflotte

Gegen Ende des Neuen Reiches lässt Ramses III. Galeeren mit Rudern und Segeln bauen. So wehren die Ägypter die Angriffe der Piraten an den Küsten ab. Bei der Schlacht gegen die Seevölker muss die ägyptische Kriegsflotte verhindern, dass die Angreifer ins Landesinnere vordringen.

Womit werden die Soldaten bezahlt?

Die besten Soldaten erhalten entweder ein kleines Stück Land oder einige Stück Vieh. Seinen Offizieren verleiht der Pharao für besondere Dienste Orden in Form von goldenen Fliegen.

Was machen die Soldaten in Friedenszeiten?

Sie halten sich in den Festungen entlang den Reichsgrenzen auf, trainieren den Umgang mit ihren Waffen und üben den Kampf Mann gegen Mann. Die Soldaten begleiten auch die Handelskarawanen und sorgen dafür, dass die für den Pharao bestimmten Waren wohlbehalten im Königspalast ankommen. In der Truppe herrscht strenge Disziplin. Wenn ein Soldat desertiert, also die Armee ohne Erlaubnis verlässt, kann seine Familie gefangen genommen werden.

Kriegsschiff im Neuen Reich

Der Palast

Im Königspalast wohnt der Pharao mit seiner Familie. Gleichzeitig ist der Palast auch Sitz der Regierung. Der Pharao ist von unzähligen Dienern und Beamten umgeben.

Ein Palast aus Lehmziegeln
Wie alle ägyptischen Häuser ist auch der Palast des Pharaos aus luftgetrockneten Lehmziegeln erbaut. Stein verwendet man nur für den Bau von Pyramiden und Tempeln, Bauwerken also, die für die Ewigkeit gebaut werden. Abgesehen von einigen Fundamenten, Tür- und Fensterrahmen sowie Bodenfliesen ist von den prachtvollen Residenzen der Pharaonen heute nichts mehr erhalten.

Wo lässt der Pharao seinen Palast erbauen?
Der Palast wird in der Reichshauptstadt errichtet. Doch der Pharao hat noch weitere, weniger wichtige Residenzen in anderen Städten. Dort hält er sich auf seinen Reisen durch das Land auf.

Wer wohnt mit der Königsfamilie im Palast?
Gemeinsam mit dem König, seiner Gemahlin, seinen Nebenfrauen und seinen Kindern wohnen noch zahlreiche andere Personen im Palast: Angehörige der Verwaltung (Wesir, Beamte, Schreiber), Diener (Ammen der Königskinder, Künstler, Friseure, Wäscher, Köche, Ärzte) und die Soldaten der königlichen Leibgarde.

Der Wohnpalast des Pharaos
Er liegt im zentralen Innenhof. Seine Fassade ist mit Säulen geschmückt. Durch

Der Pharao und seine Gemahlin zeigen sich dem Volk.

des Pharaos

Um den Palast lassen die Pharaonen prächtige Gärten anlegen.

den mächtigen Eingang gelangt man in die Empfangshalle. Im Thronsaal am anderen Ende arbeitet der Pharao mit seinen Beratern und empfängt Besucher. Im Neuen Reich sind die Wände mit Bildern von Pharaonen, Tieren, Pflanzen und mit geometrischen Mustern bemalt. Der Pharao lässt seinen Namen in die Säulen meißeln. Auf den Bodenfliesen sind manchmal feindliche Völker dargestellt. Zu beiden Seiten dieser Säle liegen die Privatgemächer des Pharaos und seiner Frauen.

Der Pharao zeigt sich dem Volk

Im Palast gibt es ein Fenster, an dem der Pharao und die Königin sich von Zeit zu Zeit dem Volk zeigen. Dies geschieht bei bestimmten Feiern oder wenn Untergebene für besondere Verdienste ausgezeichnet werden. Von diesem Fenster aus begutachtet der Pharao auch die Kriegsgefangenen oder die in den besiegten Ländern erbeuteten Schätze.

Nebengebäude

Innerhalb der Palastmauern liegen die Häuser der hohen Reichsbeamten, die Unterkünfte der Diener, sowie Küchen, Lagerräume, Kornspeicher und die Schatzkammern. In ihnen lagern die königlichen Reichtümer.

Auch ein dem Gott Amun geweihter Tempel, eine Bibliothek mit Papyrus-Schriftrollen und eine Schule sind hier untergebracht.

Üppige Gärten

Zum Entspannen lässt der Pharao weitläufige Gärten mit Wasserbecken anlegen. Auf dem See in der Mitte können Boote fahren. In den heißesten Stunden des Tages genießt die königliche Familie die wohltuende Frische des Gartens. Die Könige der Ramses-Dynastie halten in ihren Gärten sogar einen kleinen Zoo mit Löwen, Leoparden und Elefanten.

Die königliche Familie

Die Jungen aus dem Palast werden in der Kriegskunst unterrichtet.

Der Pharao hat mehrere Frauen. Die vielen Kinder des Pharaos haben im Palast eine eigene Schule.

Große Königliche Gemahlin

Der ägyptischen Tradition entsprechend muss der Pharao verheiratet sein. Die Königin, die so genannte Große Königliche Gemahlin, nimmt an zahlreichen Zeremonien teil. Wenn der Pharao in den Krieg zieht, herrscht sie an seiner Stelle. Einige Pharaonen heiraten ihre Schwestern, doch eine Heirat unter Geschwistern ist eher die Ausnahme. Es gibt auch Pharaonen, die eine ausländische Prinzessin zur Frau nehmen und damit politische Abkommen mit den benachbarten Reichen ermöglichen.

Nebenfrauen

Die Nebenfrauen sind die weiteren Gemahlinnen des Pharaos. Auch sie leben im Palast. Wenn die Große Königliche Gemahlin keinen Sohn bekommt, kann das Kind einer der Nebenfrauen die Nachfolge des Königs antreten.

Erziehung des zukünftigen Pharaos

Gemeinsam mit seinen Brüdern und Schwestern und den Kindern der obersten Reichsbeamten und der Wesire geht der zukünftige Pharao in die Palastschule. Er erhält Unterricht in Lesen, Schreiben und Rechnen, in Fremdsprachen, im Singen und auf einem Musikinstrument. Er studiert das Leben der Götter und die alten Schriften. Er trainiert Schwimmen, Faustkampf, Lauf und lernt, einen Streitwagen zu lenken, mit Pfeil und Bogen zu schießen und zu jagen. Später ruft ihn der Pharao an seine Seite, damit er sich auf sein zukünftiges Amt vorbereiten kann.

Das Sedfest

Der Pharao richtet den Djed-Pfeiler auf.

Dieses Fest findet in der Regel 30 Jahre nach der Thronbesteigung des Pharaos statt. Es soll dem König zu einer zweiten Jugend verhelfen und beweisen, dass er immer noch regieren kann.

Die Gäste

Die Feierlichkeiten finden in der Hauptstadt Memphis statt. Viele Gäste wohnen dem Ereignis bei: Würdenträger der staatlichen Verwaltung, Gaufürsten aus den verschiedenen Teilen Ägyptens, Adlige und Gesandte aus dem Ausland. Der Pharao veranstaltet große Bankette, bei denen Musiker und Tänzer für Unterhaltung sorgen.

Der Höhepunkt der Feierlichkeiten

Das Fest erreicht seinen Höhepunkt, wenn der Djed-Pfeiler aufgerichtet wird. Der Pharao stellt ihn mithilfe von Seilen auf und bezeugt damit die Stabilität seiner Macht. Diese Handlung steht zugleich für die Wiederauferstehung des Gottes Osiris, der von seinem Bruder Seth ermordet wurde (siehe S. 74). Man bringt auch der Göttin Hathor Opfer dar. Das soll dem König ein langes Leben gewähren.

Körperliche Prüfungen

Während der Feierlichkeiten muss der Pharao um ein Feld laufen und damit beweisen, dass er noch gesund und kräftig ist. Anschließend schießt er vier Pfeile ab, um die Mächte des Chaos abzuwehren.

Die Sedfeste des Ramses

Der Pharao kann so oft ein Sedfest ausrichten, wie es ihm nötig erscheint. Ramses II. regierte 67 Jahre lang und organisierte 14 Sedfeste.

Wie am Tag seiner Krönung trägt der Pharao beim Sedfest die Kronen Unter- und Oberägyptens.

Hatschepsut

Der Architekt Senmut baut für Hatschepsut den prachtvollen Terrassentempel von Deir el-Bahari. Die Abbildung zeigt, wie er heute aussieht.

Hatschepsut ist eine Königin des Neuen Reiches. Sie ist nicht die erste Frau, die das Reich regiert, doch sie ist die erste, die sich zum Pharao krönen lässt.

Wie wird Hatschepsut Pharao?

Hatschepsut ist die Frau des Pharaos Thutmosis II. Er ist zugleich ihr Halbbruder. Vor seinem frühen Tod um das Jahr 1480 v. Chr. erklärt der Pharao seinen einzigen Sohn aus der Verbindung mit der Nebenfrau Isis zu seinem Nachfolger. Weil Thutmosis III. aber noch ein Kind ist, übernimmt Hatschepsut die Regentschaft. Mit der Unterstützung der Priester von Theben ernennt sie sich selbst zur Tochter des Gottes Amun und zum Pharao. Wie die anderen Pharaonen trägt sie als Zeichen ihrer Königswürde einen falschen Bart.

Handelsfahrten in das Land Punt

Die Königin will dem Gott Amun Weihrauch schenken. Daher schickt sie mehrere Schiffe in das Land Punt, das wahrscheinlich im heutigen Äthiopien im Osten Afrikas liegt. Dort wachsen die Bäume, von denen man das Harz für Weihrauch gewinnt. Im Tausch gegen Waffen, Glasperlen und Armreifen, die sie dem König von Punt anbieten, erhalten die Seeleute Weihrauchbäume, Parfüm, Gold, Elfenbein, Ebenholz, Leopardenfelle, Affen und Hunde. Nach ihrer Rückkehr lässt die Königin die Bäume in die Gärten ihres Tempels in Deir el-Bahari pflanzen.

Ein grandioser Tempel

Der Totentempel am linken Nilufer ist zum Teil in den Fels gehauen. Zahlreiche Wasserbecken zieren die drei Terrassen, die mit Bäumen bepflanzt sind. Die Fresken an den Wänden erzählen von der Fahrt nach Punt und vom Transport der beiden 39 m hohen Obelisken für den Amun-Tempel in Theben.

Hatschepsut, der erste weibliche Pharao

Der große Thutmosis III.

Der Legende nach haben Thutmosis III. und seine Truppen während eines Feldzugs im Zweistromland den Angriff einer Elefantenherde erlebt.

Nach dem Tod von Hatschepsut um 1460 v. Chr. wird Thutmosis III. endlich König. Unter seiner Herrschaft dehnt sich das Reich weit nach Süden und Osten aus. Ägypten ist auf dem Höhepunkt seiner Macht.

Eroberungen im Süden und Osten

Thutmosis III. will allen anderen Ländern zeigen, wie mächtig Ägypten ist. Er führt 17 Feldzüge und verschiebt die Landesgrenzen nach Süden und Osten. Der Legende nach wurde er auf einem Feldzug im Nordosten von Ägypten, nahe des Flusses Euphrat im Zweistromland, von etwa 100 angreifenden Elefanten überrascht. Der Pharao soll großen Mut bewiesen haben. Sein Leben verdankt er aber einem seiner Generäle: Als ein Elefant den König angriff, hackte der General den Rüssel des Tieres ab.

Ein erfolgreicher Trick

Auf einem der Feldzüge belagern die Truppen von Thutmosis III. eine Stadt, die von den Soldaten des Königs von Mitanni (im Norden des heutigen Syriens) gehalten wird. Es wird erzählt, dass Thutmosis III. seinen Truppen den Rückzug befahl und somit scheinbar aufgab. Beim Abzug ließ er vor den Befestigungsanlagen der Stadt 500 Säcke zurück. Neugierig brachten die Belagerten die Säcke in die Stadt. Dort schlüpften ägyptische Soldaten heraus und konnten die Stadt erobern.

Was macht der Pharao mit seinem Reichtum?

Alle besiegten Völker zahlen dem Pharao einen Tribut: Männer und Frauen als Sklaven, Gold, Edelhölzer, Vieh, Pferde und Ähnliches. Thutmosis III. verwendet einen Teil des Schatzes für die Vergrößerung und Verschönerung des Amun-Tempels in Theben.

Die Religion des Echnaton

Das Flachrelief zeigt Echnaton bei der Verehrung der Sonnenscheibe.

Als Amenophis IV. wird er um 1350 v. Chr. Pharao. Doch kurze Zeit später nimmt der neue König den Namen Echnaton an.

Warum ändert der König seinen Namen?

Amenophis IV. ersetzt den Kult des Gottes Amun durch den Kult des Gottes der Sonnenscheibe Aton. Zu Atons Ehren nennt er sich fortan Echnaton, was „dem Aton gefallend“ bedeutet.

Wird eine neue Religion geboren?

Ja, Echnaton führt eine Religion ein, die nur noch einen einzigen Gott anerkennt. Dieser ist der Schöpfer der Erde, der Menschen und der Tiere wie der Gott im Judentum, Christentum und Islam.

Eine neue Hauptstadt

Echnaton verlässt Theben, die Stadt des Gottes Amun. Er lässt 350 km nördlich eine neue Hauptstadt bauen. Es ist Amarna oder Echetaton, also „Lichtort des Aton“.

Nofretete

Sie ist die Große Königliche Gemahlin von Echnaton. Ihr Name bedeutet „die Schöne ist gekommen“. Die von ihr erhaltenen Büsten zeigen eine Frau mit einem sehr schönen, fein geschnittenen Gesicht.

Warum löscht man Echnatons Namen nach seinem Tod aus?

Die religiöse Neuerung wird von den Priestern nie akzeptiert. Nach dem Tod des Königs führt man den Kult des Amun-Re wieder ein. Der Name Echnaton wird von den Bauwerken entfernt und aus der Ahnenreihe gestrichen.

Nofretete, die Gemahlin von Echnaton

Tutanchamun, der Kindkönig

Unzählige Möbelstücke wurden im Vorraum zur Grabkammer von Tutanchamun gefunden.

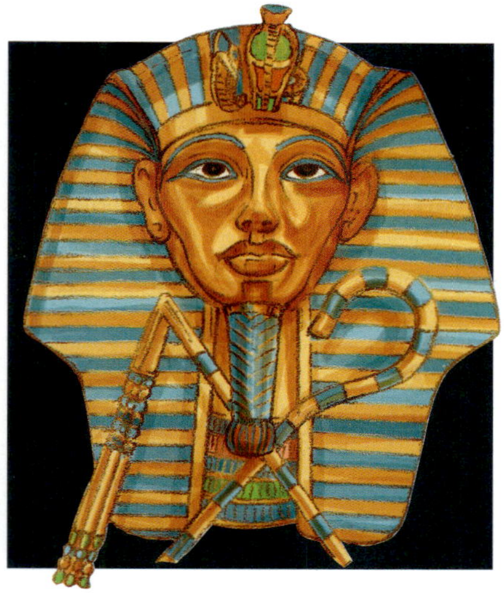

Die Totenmaske von Tutanchamun ist aus purem Gold und mit Edelsteinen besetzt. Sie wiegt 11 kg!

Tutanchamun ist hauptsächlich deshalb berühmt, weil Forscher sein Grab entdeckten und wir die darin enthaltenen Schätze bewundern können.

Warum nennt man ihn Kindkönig?

Als Echnaton um das Jahr 1330 v. Chr. stirbt, setzen die Priester von Theben Tutanchamun auf den Thron. Zu diesem Zeitpunkt ist er knapp zehn Jahre alt und bereits mit einer Tochter von Echnaton und Nofretete verheiratet. Zum Regieren ist er noch zu jung. Eje, ein ehemaliger Wesir von Echnaton, übernimmt die Regentschaft.

Rätselhafter Tod

Tutanchamun stirbt sehr jung, mit nicht einmal 20 Jahren. Die Todesursache ist ungeklärt. Eine Röntgenaufnahme der Mumie brachte eine Kopfverletzung zu Tage. Nach Ansicht einiger Historiker könnte der Wesir Eje den Tod Tutanchamuns veranlasst haben, um an seiner Stelle zu regieren.

Reiche Schätze

Im Jahr 1922 öffnet der Brite Howard Carter das Grab von Tutanchamun. Es lag 3500 Jahre lang verborgen neben dem Eingang zu einer anderen Grabstätte. Von den drei Räumen ist nur einer ausgeschmückt. Insgesamt liegen über 2000 Gegenstände in dem Grab. Unter den Schätzen befinden sich die goldene Totenmaske mit Edelsteinen und der dritte Sarkophag aus purem Gold, der über 1000 kg wiegt. Leider ist die Mumie des Pharaos nicht sehr gut erhalten.

Ramses II., der Baumeister

Ramses II., ein Pharao der 19. Dynastie, regiert 67 Jahre lang. Zu seinem Ruhm lässt er Tempel im ganzen Land bauen.

Ein Eroberer

Um 1280 v. Chr. folgt Ramses II. seinem Vater Sethos I. auf den Thron. Er gründet im Nildelta eine neue Hauptstadt namens Pi-Ramesse. In Syrien kämpft er gegen die Hethiter und erobert das Gebiet zurück.

Die Schlacht von Kadesch

Mit 20 000 Männern kommt Ramses II. vor der befestigten Stadt Kadesch an. Die Wüstenbeduinen berichten ihm, dass die Armee der Hethiter 200 km von der Stadt entfernt liegt. Der Pharao glaubt an einen leichten Sieg, doch die Beduinen sind vom Feind auf ihn angesetzt worden. Die hethitische Armee ist in Wirklichkeit ganz in der Nähe und greift kurze Zeit später an. Nur knapp entgehen die Ägypter einer Niederlage.

Der erste Friedensvertrag

In Kadesch gelingt Ramses nicht der große Sieg, den er auf den Wänden der Tempel darstellen lässt. Er erleidet aber auch keine Niederlage, denn einige Jahre später wird der erste Friedensvertrag der Geschichte unterzeichnet. Die Zeit des Friedens in Ägypten währt 40 Jahre.

Abu Simbel

Um den Nubiern seine Macht zu beweisen, lässt Ramses II. zwei Tempel aus dem Felsgestein von Abu Simbel hauen. Vor dem größeren Tempel werden vier Kolossalstatuen aufgestellt, die ihn selbst darstellen (siehe S. 17).

Ein ruhmreicher Name

Nach Ramses II. wählten neun weitere Pharaonen den Namen Ramses. Doch abgesehen von Ramses III. lassen die anderen den Zerfall des Reiches zu.

Kleopatra

Der Legende nach rollt sich Kleopatra in einen Teppich ein und lässt sich so versteckt zum großen Cäsar bringen.

Kleopatra VII. ist die berühmteste Königin Ägyptens. Sie ist zugleich die letzte. Trotz aller Anstrengungen kann sie nicht verhindern, dass Ägypten römische Provinz wird.

Wer ist Kleopatra VII.?

Die Tochter des griechischen Pharaos Ptolemaios XII. wird nach seinem Tod im Jahr 51 v. Chr. Königin. Sie heiratet ihren zehnjährigen Bruder Ptolemaios XIII. Kleopatra will Ägypten zu alter Größe verhelfen, doch im Jahr 48 v. Chr. kommt es zu Rivalitäten mit ihrem Bruder. Sie flüchtet nach Syrien.

Cäsar und Kleopatra

Julius Cäsar landet in Ägypten und nimmt den Palast von Ptolemaios XIII. ein. Kleopatra kehrt nach Alexandria zurück. Sie verführt den römischen Feldherrn und sichert sich seine Unterstützung bei der Rückeroberung des Throns. Mit dem gemeinsamen Sohn Cäsarion folgt Kleopatra Cäsar nach Rom. Als Cäsar 44 v. Chr. ermordet wird, kehrt sie nach Ägypten zurück.

Wer ist Antonius?

Nach dem Tod Cäsars teilen zwei Feldherren das Römische Reich unter sich auf: Oktavian herrscht über den Westen, Antonius über den Osten. Kleopatra bezaubert Antonius und heiratet ihn. Sie träumen davon, aus Ägypten ein Weltreich zu machen, das über das ganze Römische Reich herrscht. 34 v. Chr. gibt sich Kleopatra den Titel „Königin der Könige".

Tragisches Ende

Oktavian muss die Pläne von Kleopatra und Antonius durchkreuzen und beschließt Ägypten den Krieg zu erklären. 31 v. Chr. marschiert er in Alexandria ein. Antonius begeht Selbstmord und auch Kleopatra nimmt sich das Leben, indem sie sich von einer Schlange beißen lässt. Oktavian lässt Cäsarion ermorden und kehrt nach Rom zurück, wo er zum Kaiser erhoben wird und den Ehrennamen Augustus erhält. Ägypten steht nun ganz unter römischer Herrschaft.

Die ägyptische

Adlige

Schreiber

Priester

Die ägyptische Gesellschaft ist in Klassen unterteilt. Der Pharao steht an der Spitze. Es folgen die Adligen, die Schreiber, die Priester und die Handwerker. Fellachen, Diener und Sklaven gehören den unteren Gesellschaftsschichten an. Sie stellen die große Mehrheit der Bevölkerung dar.

Klassenzugehörigkeit

Innerhalb der ägyptischen Gesellschaft gibt es große soziale Ungleichheiten. Der Pharao besitzt alle Reichtümer und hat die absolute Macht. Nur einer kleinen Gruppe von Ägyptern sind Privilegien vorbehalten. Die Zugehörigkeit zu einer Klasse ist von Geburt an festgelegt und ein sozialer Aufstieg ist selten. Die Kinder der Schreiber können selbst Schreiber werden, doch die der Diener und Fellachen haben kaum Chancen, ihre Stellung zu verbessern. Der Glaube an die Götter und die Gesetze ist in den Ägyptern tief verwurzelt. Deshalb akzeptieren sie ihre Lebensumstände und begehren nicht gegen die Machthaber auf.

Adlige

Zum Adel gehören die Mitglieder der königlichen Familie, die Wesire, die Minister und die hohen Reichsbeamten. Sie bilden den Hofstaat des Königs und wohnen in prächtigen Häusern mit vielen Dienern. Ihre Mumien werden in reich geschmückten Grabstätten beerdigt.

Schreiber

Da sie die Hieroglyphen lesen und schreiben können, verfassen sie die Gesetze, vermessen Felder, treiben Steuern ein und führen die Listen des Staatsschatzes. Sie sind Beamte.

Priester

Sie vollziehen für den Pharao die religiösen Handlungen. Priester genießen hohes Ansehen. Sie können lesen und schreiben. Jeder Priester ist einem bestimmten Tempel zugehörig. Das Amt wird meist vom Vater an den Sohn vererbt.

Künstler und Handwerker

Maler, Bildhauer, Goldschmiede, Tischler und Korbflechter verschönern die großen Bauwerke. Daneben stellen sie Möbel her und

Gesellschaft

Handwerker

Fellache

Dienerin

fertigen den Schmuck der Reichen. Sie arbeiten in großen Werkstätten im Inneren der Tempel oder Paläste. Im Neuen Reich wohnen die Handwerker, die an der Grabstätte des Königs arbeiten, in einem eigens für sie errichteten Dorf im Tal der Könige (siehe S. 100-101).

Fellachen
Die überwiegende Mehrheit der Ägypter sind Bauern, so genannte Fellachen. Da das ganze Land dem Pharao gehört, sind sie nicht Eigentümer der Felder, sondern beim König, den Adligen oder den Priestern angestellt. Sie erhalten einen Teil der Ernte. Das reicht nicht immer aus, um die Familie zu ernähren.

Diener
Den ärmsten Ägyptern bleibt keine andere Wahl, als den Adligen zu dienen. Sie kümmern sich um das Haus, kochen und servieren die Mahlzeiten. Die so genannten *Schemsu* sind die Begleiter ihrer Herren. Sie reinigen deren Sandalen und breiten einen Teppich aus, wenn ihre Herren stehen bleiben. Die Diener können ihren Arbeitgeber jederzeit verlassen. Doch häufig fehlt ihnen das Geld dazu.

Sklaven
Diese Männer und Frauen sind Ausländer, die auf Feldzügen in Nubien, Palästina, Syrien oder in der Libyschen Wüste gefangen genommen wurden. Bis zum Ende des Mittleren Reiches gibt es nur wenige Sklaven, doch mit den vielen Kriegen im Neuen Reich nimmt die Zahl zu. Die Gefangenen werden von der Armee verpflichtet oder an reiche Ägypter verkauft. Sklaven dürfen ihren Herrn nur verlassen, wenn er ihnen die Freiheit schenkt. Ihre Kinder sind ebenfalls Sklaven.

Sklaven

Ackerbau

Zwischen November und März ist die Zeit des Pflügens und der Aussaat.

Die Erträge in der Landwirtschaft hängen eng mit dem Nilhochwasser zusammen, denn der Schlamm, den es zurücklässt, macht die Felder fruchtbar.

Welche Pflanzen bauen die Ägypter an?

Die Fellachen bauen Getreide an (Gerste, Weizen), verschiedene Gemüsearten (Lauch, Salat, Zwiebel, Knoblauch, Gurken, Rettich, Bohnen, Kichererbsen) und Obst (Melonen, Trauben, Datteln, Feigen u.a.). In Zeiten der Fremdherrschaft kommen neue Früchte und Pflanzen ins Land wie Äpfel, Oliven oder Granatäpfel. In der Epoche der griechischen Pharaonen gibt es die ersten Birnen, Pfirsiche, Kirschen und Mandeln. Zur Herstellung von Stoffen und Seilen wird Flachs angebaut.

Die drei Jahreszeiten des Nils

Das Leben in der Landwirtschaft wird vom Nil bestimmt. Im Juli steigt das Wasser, es ist die Zeit der Nilschwelle. Die Felder sind überflutet und die Fellachen können nicht arbeiten. Ab Oktober geht das Wasser zurück. Nun ist die Zeit der Aussaat. Die Fellachen bestellen die Äcker und reparieren die Bewässerungskanäle. Im März beginnt die Trockenzeit und die Felder werden abgeerntet.

Wie bestellt man den Boden?

Sobald das Wasser zurückgegangen ist, kann man die Felder am einfachsten bearbeiten, denn der zurückgebliebene Nilschlamm ist noch feucht. Während der Sämann die Samen verteilt, bearbeitet der Pflüger mit dem von zwei Rindern gezogenen Pflug das Feld. Im umgepflügten Boden

Der Schaduf ist noch heute im Einsatz.

und Viehzucht

Von Mitte März bis Ende Juni wird eine Ernte nach der anderen eingeholt.

keimen die Samen schneller und können nicht von Vögeln herausgepickt werden. Sehr lange überflutete Felder werden nicht gepflügt. Die Fellachen treiben ihre Schafe, Ziegen oder Schweine darüber, damit sie die Samen in die Erde stampfen.

Warum müssen die Felder bewässert werden?

In Ägypten regnet es so gut wie nie. Damit die Pflanzen nicht vertrocknen, graben die Fellachen kleine Kanäle, die sie mit Nilwasser füllen. Bis ins Neue Reich verwenden sie dafür große Schöpfgefäße. Dann wird der Schaduf erfunden, ein Hebelbaum zum Wasserschöpfen. Das Gerät wird noch heute verwendet. Es besteht aus einem Hebelarm, an dem an einem Ende ein Schöpfeimer hängt und am anderen ein Gegengewicht. Diese Erfindung bedeutet eine enorme Arbeitserleichterung. Doch die Kanäle müssen jedes Jahr neu gezogen werden, da das Hochwasser sie immer wieder zerstört.

Wie wird geerntet?

Ab März reißen die Fellachen die noch blühenden Flachsstängel ab. Die zartesten Triebe geben das feinste Leinen. Anschließend erfolgt die Ernte von Weizen und Gerste. Die Stängel werden knapp unter der Ähre abgeschnitten. Dazu benutzt man eine Sichel, die aus dem Kiefer eines Nilpferds gemacht ist. Zum Schneiden wird scharfkantiger Feuerstein eingesetzt. Später sind die Klingen aus Bronze und dann aus Eisen. Die Kornähren werden auf dem Dreschboden verteilt. Die Rinder zertrampeln sie und trennen so das Korn von der Ähre. Damit sich die dünne Schale um das Korn löst, werfen die Fellachen die Körner in die Luft. Das gereinigte Korn kommt in die Kornkammern des Dorfes.

Warum gibt es auch schlechte Ernten?

Ist das Hochwasser schwach, werden nur wenige Felder überflutet und bestellt. Die Fellachen haben außerdem mit zahlreichen Tieren zu kämpfen, die die Pflanzen fressen und die Felder verwüsten: Vögel, Nilpferde, Heuschrecken, Mäuse oder umherirrendes Vieh. Um die Vögel zu vertreiben, erfinden die Fellachen Vogelscheuchen. Sie beten zu den Göttern, dass sie ihre Felder schützen und für reiche Ernten sorgen.

Die Ägypter halten viele verschiedene Tiere.

Honig und Wachs

In Ägypten wird schon früh Honig gesammelt. Im Mittleren Reich setzen die Ägypter dann die Bienenvölker in längliche Tongefäße. Auf diese Weise gewinnen sie Honig und Wachs. Honig nimmt man zum Süßen der Speisen, denn zu dieser Zeit gibt es noch keinen Zucker. Auch bei der Herstellung von Wundverbänden und von Kosmetik wird Honig verwendet. Aus dem Bienenwachs macht man Kerzen.

Das Vieh

Sehr früh schon fangen die Ägypter wilde Tiere und züchten sie in Gefangenschaft. Sie halten Ziegen, Schafe, Schweine und zwei Arten von Rindern. Die eine ist ziemlich mager und wird zum Ziehen von Lasten eingespannt. Die andere ist etwas dicker und wird zum Schlachten gemästet. Im Alten Reich versuchen die Ägypter vergebens Gazellen, Hirsche und auch Hyänen als Nutztiere zu halten. Der Esel dient als Lastenträger. Das Pferd, das gegen Ende des Mittleren Reiches mit den Hyksos nach Ägypten kommt, bleibt der Armee als Zugtier für die Streitwagen vorbehalten.

Geflügel aller Art

Als Geflügel hält man Enten, Tauben und Gänse. Sie werden gemästet, damit sie schön fett werden. Das aus Persien stammende Huhn kommt zur Zeit der griechischen Pharaonen nach Ägypten.

Vermutlich nahmen sich auch die ägyptischen Imker vor Stichen in Acht, doch es ist nicht bekannt, wie sie sich schützten.

Fischfang

Beim Fischen auf dem Fluss spannen die Fischer ein Netz zwischen zwei Boote.

Im Nilwasser und in den Sümpfen des Deltas tummeln sich viele Fische. Sie sind ein wichtiges Nahrungsmittel für die Landbevölkerung, denn sie ersetzen das teure Fleisch.

Harpune und Angel

Ab dem Alten Reich beherrschen die Ägypter verschiedene Fangmethoden. In den niedrigen Sümpfen fangen sie Barsche mit Harpunen und Hechte mit einfachen Angeln aus einer Leine mit Haken. Sobald der Fisch aus dem Wasser kommt, wird er mit einem Holzhammer erschlagen. Ab dem Mittleren Reich verwenden die Fischer Angeln mit Stock und Leine. Sie fischen auch mit Keschern und Reusen.

Fischfang mit Netzen

Zum Fischen im Fluss verwenden die Fischer Netze. Das große Netz aus geflochtenem Papyrus wird zwischen zwei Booten befestigt. Wenn die Boote zum Ufer zurückfahren, holen die Fischer das Netz ein und bergen den Fang.

Achtung, Nilpferd!

Fischfang ist ein lebensgefährliches Unternehmen, denn die leichten Papyrusboote sind sehr wackelig. Die Fischer müssen stets auf der Hut sein, damit sie kein Nilpferd oder Krokodil zum Kentern bringt.

Wie wird Fisch haltbar gemacht?

Die Ägypter kennen mehrere Methoden. Zunächst wird der Fisch ausgenommen. Anschließend räuchert man ihn über dem Feuer oder lässt ihn in der Sonne trocknen.

Der Angler erschlägt den Fisch, den er gerade gefangen hat.

Die Jagd

Die Jagd ist bei allen Ägyptern beliebt. Der Pharao jagt zum Zeitvertreib die großen Tiere in der Wüste. Die Bauern fangen Sumpfvögel, um sich zu ernähren.

In der Wüste

Zur Zeit der Pharaonen leben viele Tiere in der Wüste: Löwen, Hyänen, Antilopen, Strauße u.a. Ab dem Mittleren Reich fährt der Pharao im Streitwagen auf die Jagd und hetzt das Wild mit seiner Hundemeute. Er erlegt es mit Pfeil und Bogen.

In den Sümpfen

Enten, Gänse, Kraniche, Reiher und Wachteln machen auf ihren Wanderungen Zwischenstation in den Sümpfen des Nils. Die Fellachen nähern sich ihnen in ihren Papyrusbooten so leise wie möglich. Wenn die Vögel auffliegen, werfen sie ihre bumerangähnlichen Wurfhölzer und holen die Vögel herunter. Manche Jäger haben dressierte Katzen, die die im Papyrus und Schilf versteckten Vögel aufspüren.

Lebende Tiere

Die Vogelfänger spannen in den Bäumen an Tümpeln Netze und legen einen Köder aus. Wenn die Vögel näher kommen, ziehen sie an einer Schnur und das Netz fällt herunter. Die Vögel werden lebend in Käfige gesteckt, damit der Fänger sie für die Vogelhaltung verkaufen kann.

Nilpferdjagd

Mit einem Trick und viel Kraft macht man Jagd auf Nilpferde. Vom Boot aus schleudern die Jäger ihre Harpune ins Fleisch des Tieres. Dann folgen sie dem fliehenden Nilpferd, bis es vor Erschöpfung stirbt.

Die Jagd in den Sümpfen

Ägyptischer Wein

Wein wird vor allem von den reichen Ägyptern hoch geschätzt.

Die Weinrebe

Der Wein wächst an Spalieren und Lauben. Der Weinstock wird in ein mit Schlamm gefülltes Loch gepflanzt. Jeden Tag muss man ihn gießen und regelmäßig mit Taubendreck düngen. Beim Wachsen klettert die Weinranke am Holzgerüst hoch. Die Weinbauern bewachen die Trauben und verscheuchen vorwitzige Vögel.

Die Weinlese

Von Juli bis August ernten die Weinbauern die Trauben und geben sie in einen Korb. Wenn der Korb voll ist, leeren sie die Trauben in eine große Wanne aus Stein.

Das Pressen der Trauben

Das Auspressen der Trauben erfolgt in zwei Schritten. Zunächst zerstampfen die Weinbauern die Trauben mit den Füßen. Um dabei nicht auszurutschen, halten sie sich an Seilen fest. Die gewonnene Maische wird aufgefangen und in Tüchern ausgepresst.

Wie wird aus Traubensaft Wein?

Auch für die Gärung sind zwei Vorgänge nötig. Der Traubensaft bleibt zunächst in offenen Gefäßen an der Luft. Anschließend wird er in längliche Tonkrüge umgefüllt, die mit Gips verschlossen werden. Ein Schreiber notiert sorgfältig das Jahr und den Ort der Weinlese, die Rebsorte, die Weinqualität und den Namen des Weinbauern.

Ein Schreiber verzeichnet die Weinmenge.

Die Herstellung von

Alle Ägypter essen Brot und trinken Bier. Es sind die Grundnahrungsmittel der einfachen Bevölkerung. Man stellt beides gleichzeitig her, da das Bier die Hefe für den Brotteig liefert.

Wie wird Brot gemacht?
Jede Familie backt ihr eigenes Brot. Dazu mahlt die Hausfrau jeden Tag Weizen. Sie streut die Körner dünn aus und zerdrückt sie mit einer Rolle (1). Dabei gelangt auch Steinstaub in das Mehl, welches die Zähne schädigt. Das gewonnene Mehl wird gesiebt und mit Wasser und Bierhefe vermischt. Der Teig muss lange geknetet werden (2). Er wird mit Gewürzen, Salz, Knoblauch oder Honig abgeschmeckt. Fast 40 verschiedene Brotarten kann man auf diese Weise machen. Aus dem Brotteig werden kleine Kugeln geformt, die man in der Sonne gehen lässt (3). Das Brot wird in Tongefäßen gebacken, die zuvor um das Feuer gelegt wurden.

Warum ist das Brot spitz?
Im Alten Reich backen die Ägypter das Brot in spitz zulaufenden Brotformen. Man verwendet noch keine Backöfen. Die dickwandigen Backformen werden im Feuer erhitzt (4). Sobald sie heiß genug sind, steckt man sie in eine Platte mit speziellen Löchern (5). Dort füllt man den Teig in die Formen und schließt sie mit einem Deckel. Ab und zu wird der Deckel angehoben, um den Garvorgang zu beobachten. Als später die Backöfen eingeführt werden, wird der Teig in kunstvollen Formen (Lotosblume, Tempel, Nilpferd u.a.) gebacken.

Brot und Bier

Wie wird Bier gebraut?

Die Bierherstellung ist sehr aufwändig. Zunächst müssen die Gerstenkörner gemahlen werden. Das Mehl wird wie beim Brot zu einem Teig geknetet. Für die Gärung gibt man Datteln hinzu. Anschließend füllt man den Teig in heiße Brotformen. Er darf allerdings nur eine ganz kurze Zeit darin backen, damit das Brot nicht hart wird. Anschließend wird das Brot zerbröselt und in eine große Wanne mit Wasser gegeben. Das Wasser wurde vorher mit Datteln gesüßt. Der Bierbrauer steigt nun in die Wanne und zerstampft die Brotstücke lange mit den Füßen (1). Wenn die Mischung fertig ist, wird sie gefiltert (2). Dann füllt man sie in große Tongefäße und verschließt sie mit Stroh und Lehm (3). Die Gefäße werden eingelagert und registriert.

Schmeckt das Bier im alten Ägypten wie unser heutiges Bier?

Das Bier im alten Ägypten ist sättigender und hat weniger Alkohol als unser heutiges Bier. Manchmal trinken die Ägypter es mit einem Trinkhalm.

Der Bierbrauer steigt in eine große, mit gesüßtem Wasser gefüllte Wanne und zerstampft die Brotstücke und Datteln mit den Füßen. Anschließend wird das Gemisch gefiltert.

Warum lässt man die Bierkrüge manchmal offen stehen?

In den einfachen Familien werden die Bierkrüge nicht verschlossen. An der Luft bildet sich Schaum an der Oberfläche des Bieres. Der Schaum wird abgeschöpft und getrocknet: So gewinnt man Hefe. Sie kann dann später in den Brotteig gegeben werden, damit er aufgeht.

Papyrus – eine

Für die Papyrusstaude gibt es zahlreiche Verwendungsmöglichkeiten. Deshalb ist sie im alten Ägypten von großer Bedeutung. Aus ihr macht man unter anderem Papyrus, das Papier der Schreiber.

Wo wachsen Papyrusstauden?

Papyrusstauden wachsen im Sumpfland. Vor allem im Nildelta gibt es große Mengen an Papyrus. Die dreieckigen Stängel sind so dick wie ein Arm und werden 3 bis 4 m hoch. Oben auf dem Stängel sitzt ein buschiger Schopf aus Blüten und Blättern.

Die Ernte

Papyrus wird geerntet, wenn die Stängel hoch, aber noch biegsam sind. Die Arbeiter schneiden den Papyrus ab, ohne die Wurzeln auszureißen. Da sie im Sumpf arbeiten, müssen sie immer auf Kobras, Krokodile und Nilpferde achten. In Bündeln wird der Papyrus auf dem Rücken von Rindern oder Eseln weggebracht.

Bootsbau

In Ägypten gibt es keine Wälder und das Holz aus dem Ausland verwendet man nur für große Schiffe. Einfache Boote werden aus fest zusammengebundenen Papyrusbündeln hergestellt. Auch die Segel und Taue sind aus geflochtenem Papyrus.

Wie macht man aus Papyrus Schreibpapier?

Zunächst entfernt man die Rinde und schneidet das Stängelmark in feine Streifen (1 und 2). Diese plättet man mit einem Holzhammer. Die dünnen Streifen werden in Wasser eingeweicht, um sie geschmeidiger zu machen. Anschließend legt man sie in zwei Schichten kreuzweise übereinander (3). Der auf diese Weise entstandene Papierbogen wird noch einmal gewässert und kräftig mit dem Holzhammer geschlagen (4 und 5). Die austretenden Pflanzensäfte

vielseitige Pflanze

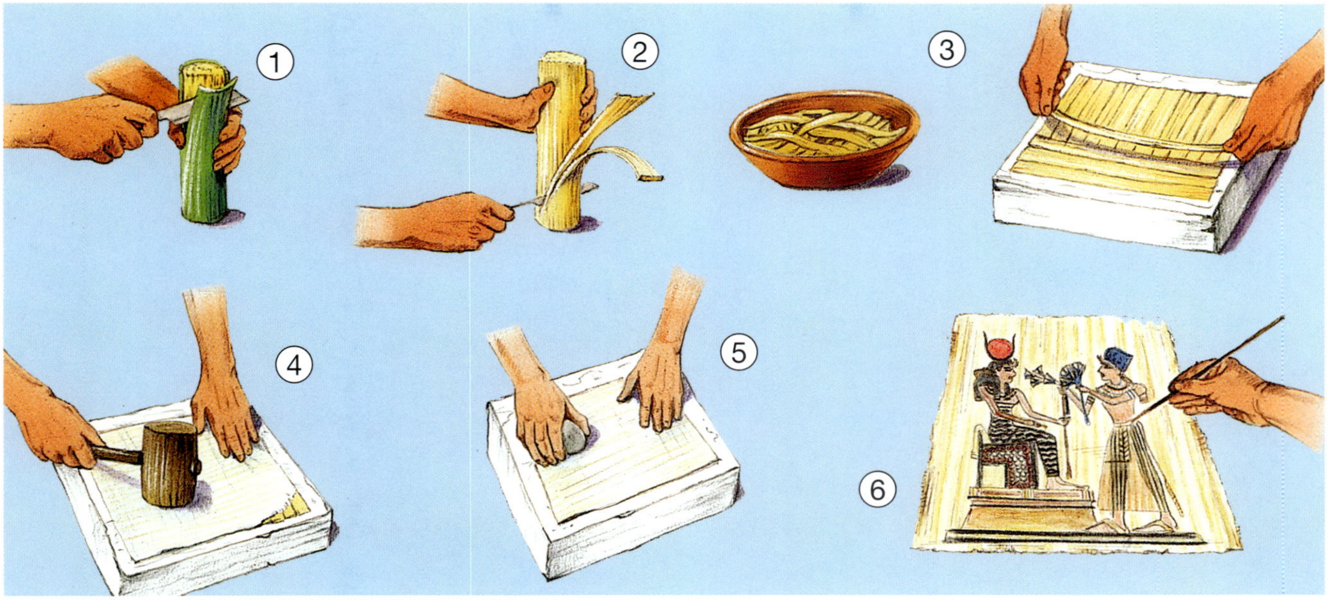

wirken wie Leim und kleben die Streifen zusammen. Nun muss der Papyrus nur noch trocknen, bevor er beschrieben oder bemalt werden kann (6). Die einzelnen Papyrusbogen werden häufig aneinander gefügt, sodass man lange Schriftrollen erhält.

Dauerhaftes Papier
Papyrus hat viele gute Eigenschaften: Er ist biegsam und lässt sich aufrollen, ohne dass er reißt. Er saugt die Tinte nicht auf und ist lange haltbar. Doch das schöne Papier ist wegen der aufwändigen Herstellungsweise teuer. Die Schreiber benutzen Papyrus daher nur beim Kopieren wichtiger Texte und bewahren die Rollen sorgsam auf. Auf diese Weise konnte man auch nach tausenden von Jahren noch sehr gut erhaltene Papyri finden.

Papyrus im Haushalt
Die getrockneten Stängel sind außerdem ein beliebtes Brennmaterial oder werden zum Bau von Hütten verwendet. Das Mark kann man als Fackel benutzen. Aus der Rinde flechten die Ägypter Körbe, Matten, Lendenschurze, Sandalen, Käfige oder Siebe. Die jungen Papyrustriebe kann man als Salat essen, das Mark wird im Ofen gegart. Die Blätter der Papyrusstaude sind als Viehfutter allerdings ungeeignet, da sie scharfe Kanten haben und schneiden.

Papyrus in der Kunst
Die steinernen Papyrusbündelsäulen in den Tempeln sind nach dem Vorbild der Papyrusstaude geschaffen. Die ägyptischen Künstler stellen die Papyruspflanze häufig in ihren Bildern und Skulpturen dar.

Symbol der Jugend
Papyrus ist ein Symbol der Jugend und der Freude. Er gehört zu den Opfergaben, die man der kuhköpfigen Hathor darbringt. Sie ist die Göttin der Freude und der Liebe.

Geschickte

Viele Arbeiter stellen die Dinge her, die man im täglichen Leben braucht: Kleidung, Schuhe, Geschirr und Möbel. Die meisten Handwerker sind Angestellte des Pharaos, der Priester oder der Adligen.

Wo arbeiten die Handwerker?

Die meisten Handwerker sind in großen Werkstätten innerhalb des Palastes, der Tempel oder auf den weitläufigen Landsitzen der Adligen beschäftigt. Sie arbeiten auf Bestellung und erhalten die Rohstoffe (Häute, Lehm, Flachs, Holz) von ihrem Auftraggeber. In den Dörfern und Städten besitzen nur wenige Handwerker eine eigene Werkstatt. Eine Ausnahme bilden Maurer und Töpfer.

Gerber

Sie fertigen das Leder für Kleider, Sandalen, Schilder, Köcher, Gurte, Wasserschläuche und Ähnliches. Abgesehen von den gefleckten Fellen wie beispielsweise Leopardenfelle werden die Haare von den Häuten abrasiert und die Rückseite von Fleisch- und Fettresten befreit. Man legt die Häute in einen Sud aus Akazienhülsen oder reibt sie mit Fett ein. So werden sie geschmeidig, wasserundurchlässig und haltbar. Der Sandalenmacher kann nun mit einem gebogenen Messer Stücke aus dem Leder schneiden. Er bohrt Löcher hinein, befestigt die Schlaufen und fertig ist die Sandale.

Das Spinnen

Für diese Arbeit sind die Frauen zuständig. Sie spinnen die Fäden, aus denen die Weberinnen die Stoffe weben. Schon in der Frühzeit spinnen die Ägypter Flachs. Diese Pflanze wächst im Niltal in großer Menge und wird auch angebaut. Die

Handwerker

Bis in die Zeit des Neuen Reiches weben die Ägypterinnen auf sehr niedrigen Webstühlen.

Stängel werden abgerissen, eingeweicht, gehämmert, gekämmt und gekocht, sodass die Fasern sich trennen. Die Spinnerinnen drehen die Fasermasse zwischen ihren Fingern oder nehmen eine Spindel zu Hilfe. Auf diese Weise entstehen lange Fäden, die man aufrollt.

Das Weben

Das Weben ist wie das Spinnen Frauenarbeit. Sie weben auf Webstühlen, die flach auf dem Boden liegen. Im Neuen Reich wird der senkrechte Webstuhl in Ägypten bekannt. Stoffe werden nur selten gefärbt. Die Ägypter tragen weiße Kleidung, denn Weiß ist ein Zeichen von Reinheit. Die Kleider und Bandagen für die Mumien werden ebenfalls aus Leinen gemacht. Aus der Wolle der Schafe und Ziegen webt man warme Mäntel. Die Segel der großen Schiffe und die Säcke werden aus Hanf gefertigt, einer weiteren Pflanzenfaser. Baumwolle gelangt erst in der griechischen Epoche nach Ägypten.

Tischler

Die Tischler fertigen nicht nur Möbel, sondern auch Dachstühle, Streitwagen, Statuen und Schiffe. Zu ihren Werkzeugen gehören Äxte, Sägen, Holzhämmer und die beilartigen Dechseln. Mit Steinen und Sand bohren sie Löcher in das Holz. Die einzelnen Teile werden ineinander verkeilt oder mit Holzdübeln befestigt. Da jede Holzsorte anders ist, verwendet man das Holz auch für verschiedene Zwecke: Das faserige Palmenholz nimmt man für Dachstühle, das kompaktere Akazienholz für Sarkophage. Das harte Eschenholz wird für Bögen, Lanzen und Streitwagen genutzt. Aus dem einfach zu bearbeitenden Sykomorenholz fertigt man Truhen, kleine Holzgegenstände und Gebrauchsmöbel. Die wertvolleren Hölzer wie

Die ägyptischen Töpfer verwenden bereits eine Töpferscheibe, um dem Ton seine Form zu geben.

Zedern- und Ebenholz werden per Schiff aus Syrien und Nubien nach Ägypten gebracht. Bevor die Tischler mit der Arbeit beginnen, zeichnen sie eine Skizze auf Papyrus und legen sie dem Meister vor.

Korbmacher

Sie flechten Körbe und Matten, die man als Schlafunterlage oder Sonnenschutz verwendet. Das Material der Korbmacher besteht aus Stroh, Binsen, Palmwedeln oder Schilfrohr.

Töpfer und Maurer

Die Ägypter haben nur ein einziges Wort für den Beruf des Töpfers und des Maurers. Zur Unterscheidung bezeichnen sie die Töpfer als „kleine Maurer". Als Ausgangsmaterial verwenden beide den Schlamm, den das Nilhochwasser anschwemmt. Die Töpfer formen den Lehm mit den Händen oder auf einer handbetriebenen Töpferscheibe. Sie trocknen die Schalen, Platten oder Krüge an der Sonne und brennen sie anschließend im Ofen. Die schönsten Stücke werden mit Malereien und Gravuren verziert. Die Maurer fertigen Ziegel aus einer Mischung aus Lehm, Stroh, Sand und Wasser. Die Masse wird zusammengeknetet, in Holzformen gefüllt und mehrere Tage lang an der Luft getrocknet.

Töpfer und Maurer nehmen für ihren Lehm Nilschlamm. Diese Arbeiter stellen gerade Lehmziegel her.

Gießer und Goldschmiede

Sie gießen Kupfer, Bronze (eine Mischung aus Kupfer und Zinn), Gold, Silber und ab dem Ende des Neuen Reiches auch Eisen. Bei allen Metallen ist das Verfahren das Gleiche. Das Metall kommt in einen Schmelztiegel, der über ein Feuer gehalten wird. Die Gießer fachen das Feuer an (1). Im Alten Reich nehmen sie dazu Stroh, im Neuen Reich mit dem Fuß betriebene Blasebälge (2). Wenn das Metall geschmolzen ist, nehmen sie den Tiegel zwischen zwei langen Stangen in die Zange und füllen das flüssige Metall in Gussformen (3). Die Gießer bearbeiten auch kaltes Metall. Dazu legen sie flache Metallstücke auf einen Amboss aus Stein und bearbeiten sie mit einem Hammer aus Stein und einem Meißel. Auf diese Weise machen sie zum Beispiel Schmuck, Trinkbecher oder Waffen.

Steinmetze

Aus Stein werden zum Beispiel kostbares Geschirr, Kosmetiktiegel und Parfümfläschchen gemacht. Der Steinmetz verwendet ein scharfes Werkzeug zum Schneiden des Steins, zum Polieren nimmt er Sand. Aus Edelsteinen wird Schmuck für die reichen Ägypter gemacht oder man besetzt Totenmasken damit. Auf den Großbaustellen der Pharaonen sind besonders viele Steinmetze beschäftigt.

Zum Schmelzen von Metall braucht man große Hitze. Die Gießer fachen das Feuer mit Blasebälgen an.

Der Goldschmied verziert die kostbaren Metallgegenstände der reichen Ägypter. Seine Arbeit ist von großer Kunstfertigkeit.

Der Transport

Die größten Handelsschiffe sind 40 m lang.

Im Alten Reich nimmt der Warenverkehr immer mehr zu. Der Handel innerhalb des Landes und mit dem Ausland blüht. Das häufigste Verkehrsmittel ist das Schiff.

Wie sehen die Handelsschiffe aus?

Die Schiffe sind aus Holz und haben einen Mast, ein Großsegel und eine Ruderreihe auf jeder Seite. Am hinteren Ende sind seitlich große Steuerruder angebracht. Der vorne und hinten stark nach oben gezogene Rumpf und der geringe Tiefgang machen es möglich, dass die Schiffe auch während der Trockenzeit fahren können, wenn der Nil nur wenig Wasser führt.

Wo werden die Waren gelagert?

Vieh, Getreidesäcke und Stoffballen lagern an Deck. Sehr schwere Lasten wie Steinblöcke oder Obelisken aus den Steinbrüchen von Assuan werden auf großen Schiffen ohne Segel und Ruder transportiert – etwa zum Tempel von Karnak. Die großen Schiffe werden von kleineren Booten gezogen.

Nilfahrt

Fährt man den Nil hinunter, treibt die Strömung die

von Waren

Schiffe an. Die Seeleute setzen kein Segel und rudern ohne große Anstrengung. Um den Fluss wieder hinaufzufahren, müssen die Schiffe gegen die Strömung ankämpfen. Jetzt heißt es kräftig rudern. Das Segel wird gesetzt, um den Wind zu nutzen, der meist von Nord nach Süd weht.

Seefahrt
Von einigen Häfen am Roten Meer aus fahren die Schiffe in das Land Punt. Von dort bringen sie begehrte Schätze mit nach Hause. Im Neuen Reich wird ein Kanal angelegt, der das Rote Meer mit dem Nil verbindet. So braucht man nicht die Wüste zu durchqueren, um von der Küste zum Niltal zu gelangen. Doch der Kanal versandet sehr schnell und wird unbefahrbar. Von den Häfen im Nildelta steuern die Schiffe die Küste Palästinas an.

Transport über Land
Im Niltal gibt es viele Straßen. Esel transportieren die Waren in Körben. In der Wüste führen Pisten vom Niltal zu den Oasen und Steinbrüchen. Soldaten begleiten die Handelskarawanen, um sie vor angreifenden Wüstennomaden zu schützen. Lasten, die für die Esel zu schwer sind, werden auf Schlitten von Menschen oder Tieren gezogen. Die Ägypter bauen keine Wagen oder Karren mit Rädern und verwenden auch das Pferd nie als Lasttier.

Manchmal transportieren die Ägypter ihre Waren auf Schlitten.

Der Tauschhandel

In Ägypten wie überall in der antiken Welt tauchen die ersten Münzen erst um das 6. Jahrhundert v. Chr. auf. Bis dahin werden die Waren getauscht. Dieses System nennt man Tauschhandel.

Wie bezahlt man?

Wenn man etwas kaufen will, bietet man eine Ware zum Tausch an. Die Bauern zum Beispiel geben Korn für einen Tonkrug. Der Verkäufer nimmt das Angebot unter zwei Bedingungen an: Der Wert des Tauschgegenstands entspricht dem Wert seiner Ware und er hat Verwendung für die Ware, die man ihm anbietet. Bevor man sich einig ist, diskutieren Käufer und Verkäufer lange über den Preis: Sie handeln.

Eine Währung ohne Münzen

Ab dem Alten Reich hilft den Ägyptern ein bestimmtes Metallgewicht bei der Beurteilung des Warenwertes. Das Metall kann Gold, Silber oder Kupfer sein. Es gibt zwei Einheiten: Der Schat entspricht 7,5 g Gold, während der Deben den Wert von 12 Schat, also 90 g Gold, hat. Ein auf 10 Gold-Deben geschätztes Haus beispielsweise wird gegen zwei Stoffe im Wert von 6 Deben und ein Bett im Wert von 4 Deben eingetauscht. Je nach Metall haben ein Schat und ein Deben mehr oder weniger Wert: Im Neuen Reich ist ein Kupfer-Deben hundert Mal weniger wert als ein Silber-Deben.

Die Pharaonen, die gegen Ende der Spätzeit regieren, führen den Handel mit Geld ein. Als der Grieche Ptolemaios I. im Jahr 304 v. Chr. Pharao wird, lässt er unverzüglich Münzen mit seinem Kopf prägen.

Die Steuerlast

Die Schreiber zählen das Vieh der Fellachen.

Bau und Unterhalt der Tempel, Paläste und Grabstätten der Pharaonen verschlingen Unsummen. Die Kosten werden mit den Steuern gedeckt, die alle Ägypter – mit Ausnahme der Adligen – bezahlen müssen.

Wie werden Steuern bezahlt?

Bis zum Ende des Neuen Reiches gibt es keine Münzen. Die Steuern werden in Naturalien bezahlt: Getreidesäcke, Tiere, Waren usw. Die Schreiber, die mit dem Einsammeln der Steuern beauftragt sind, bestimmen die Warenmenge, die der Einzelne abgeben muss.

Die Steuer der Bauern

Jedes Jahr vermessen die Schreiber nach dem Rückgang des Hochwassers die Felder und schätzen die kommende Ernte. Nachdem die Ernte eingeholt wurde, sammeln sie die Beiträge der Bauern ein.

Was sind Frondienste?

Jeder Ägypter muss eine Zeit lang für öffentliche Arbeiten zur Verfügung stehen. Dazu gehört die Instandsetzung der Bewässerungskanäle oder die Arbeit in den Steinbrüchen. Die reichen Ägypter bezahlen häufig ein kleines Entgelt an Arme, die dann an ihrer Stelle für den Staat arbeiten.

Gibt es noch andere Steuern?

Alle Tätigkeiten werden besteuert. Die Händler zahlen eine Einfuhr- und Ausfuhrsteuer. Dabei wird ein festgesetzter Teil der Waren als Steuer eingezogen. Die Jäger müssen einen Teil ihrer Beute, die Fischer einen Teil ihres Fangs abgeben.

Ein Fellache, der einen Teil der Ernte vor dem Schreiber versteckt hat, wird mit Stockschlägen bestraft.

Das Leben

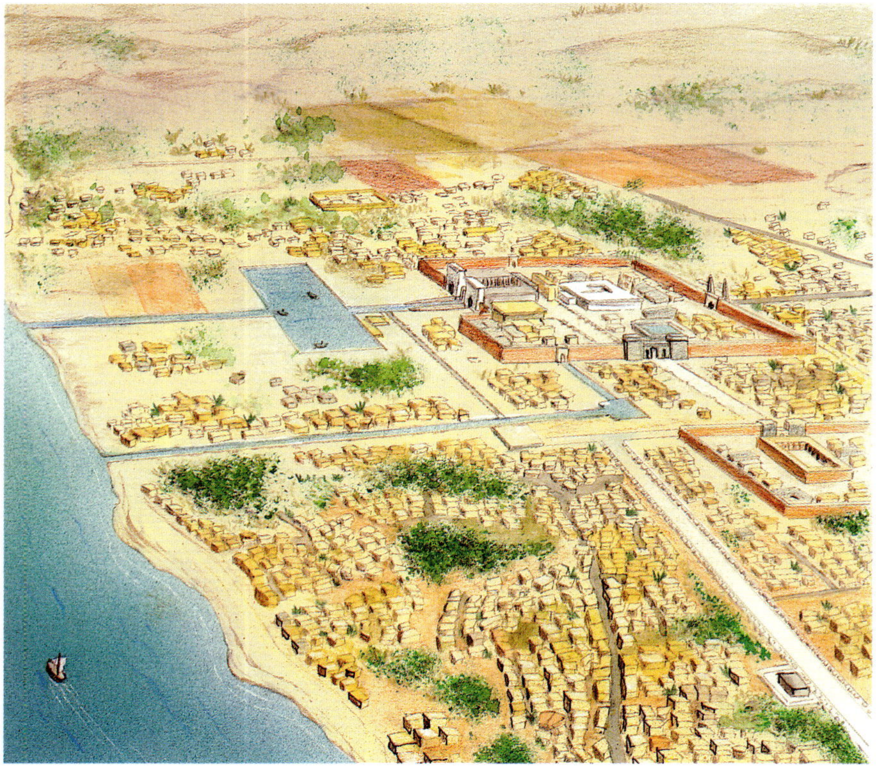

Gesamtansicht einer Stadt:
Im Stadtzentrum erhebt sich der Tempel.

Die Städte sind auf Hochebenen oder am Rand der Wüste errichtet, wo das Nilhochwasser sie nicht erreichen kann. Es gibt nur wenige Überreste dieser Siedlungen, denn die Mauern und Häuser wurden aus luftgetrockneten Lehmziegeln erbaut, die mit der Zeit verwitterten.

Stadttypen
Die Städte im Reich der Pharaonen haben häufig eine bestimmte Funktion: Buhen in Nubien zum Beispiel ist eine Festungsstadt, von der aus die Südgrenze gesichert wird. Elephantine auf der Höhe des ersten Nilkatarakts blüht dank des Handels mit Nubien auf. Kahun wird als Siedlung für die Arbeiter gebaut, die an der Pyramide des Pharaos Sesostris II. arbeiten. Sawu entsteht um den Hafen, von dem aus die Schiffe nach Punt ablegen.

Wer wohnt in den Städten?
Die Mehrheit der Ägypter sind Bauern. Sie leben in Dörfern und bestellen die umliegenden Felder. In den Städten wohnen die Adligen mit ihren Familien und Dienern, die Schreiber der Verwaltung, die Priester der Tempel sowie Soldaten, Handwerker und Kaufleute.

Wie sind die Städte angelegt?
Es wurden nur wenige Grundmauern von Städten aus dem alten Ägypten gefunden. Die Städte sind von einer Mauer aus luftgetrockneten Lehmziegeln umgeben. Soldaten bewachen die Stadttore. Die Straßen im Stadtinnern sind aus festgetretener Erde. Sie sind eng und verlaufen gerade. Je nach Rang wohnen die Leute in verschiedenen Vierteln. In einem Stadtteil stehen nur die großen Wohnhäuser der Adligen. In einem anderen Teil findet man die kleinen Häuser der Handwerker und Kaufleute. In mehreren großen Gebäuden sind der Kornspeicher, die Warenlager und die Werkstätten der Handwerker untergebracht. Einen zentralen Platz gibt es nur in der

in der Stadt

Die Straßen im Stadtinnern sind sehr eng. Die Dachterrasse wird bei den Ägyptern als zusätzlicher Wohnraum genutzt.

Hauptstadt. In den anderen Städten versammeln sich die Bewohner um den Tempel. Wenn die Stadtbevölkerung zunimmt, werden außerhalb der Stadtmauern neue Häuser angebaut.

Was passiert mit dem Müll?

Es gibt kein Müllsammelsystem. Die Bewohner werfen ihren Abfall auf die Straßen, wo streunende Tiere die Reste fressen, oder sie bringen ihn zu Müllhalden außerhalb der Stadt. Manche Leute vergraben ihn auch im Garten.

15 Hauptstädte

Im Lauf seiner Geschichte hat Ägypten 15 Hauptstädte. Der erste Pharao Menes oder Narmer errichtet Memphis. Die Stadt liegt auf der Grenze zwischen Unter- und Oberägypten. Im Mittleren Reich wohnen die Pharaonen in Theben, das weiter im Süden liegt. Im Neuen Reich befiehlt Echnaton den Bau einer neuen Hauptstadt: Echetaton. Doch nach seinem Tod wird die Stadt verlassen und der Regierungssitz wieder nach Theben verlegt. Wegen der ständigen Angriffe auf die Grenzen im Delta müssen die Pharaonen ihre Hauptstadt später in Unterägypten errichten. Ramses II. lässt Pi-Ramesse bauen. Danach werden nacheinander die Städte Tanis, Sais und Alexandria zur Hauptstadt des Reiches.

DIE WICHTIGSTEN HAUPTSTÄDTE IM ALTEN ÄGYPTEN

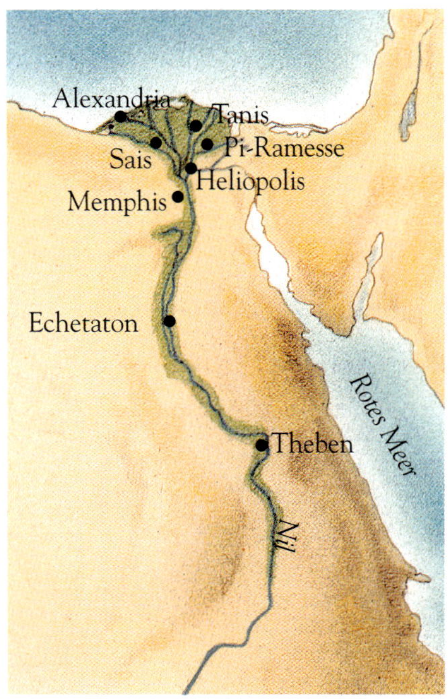

Das Leben auf

Die Häuser haben nur wenige Fensteröffnungen, damit keine Hitze eindringt. Dafür haben sie alle eine Dachterrasse, auf der man sich in der nächtlichen Brise abkühlen kann.

In der Stadt und auf dem Land bewohnen die einfachen Ägypter kleine, einstöckige Häuser mit einem Innenhof. Auf dem Flachdach ist meist eine Dachterrasse angelegt.

Schutz vor Sonne und Hitze

Die Mauern sind aus luftgetrockneten Lehmziegeln. Manchmal sind die Tür- und Fensterrahmen aus Stein. Den Eingang verschließt eine Holztür. Die kleinen Öffnungen in der Mauer liegen weit oben, damit keine Hitze ins Haus dringt. Glasscheiben gibt es nicht. Dafür verhindern Holzsprossen, dass Diebe durch die Fenster einsteigen. Über eine Öffnung im Dach kann Frischluft ins Haus gelangen. Eine Außentreppe führt auf die Terrasse, auf der Palmwedel für Schatten sorgen.

Zwei oder drei Räume

Im Erdgeschoss liegen zwei oder auch drei Räume. Die Mauern sind weiß gekalkt, der Boden besteht aus gestampfter Erde. Die Familien besitzen nur wenige Möbel: Holz- oder Weidentruhen für das Tongeschirr, eventuell einen Stuhl oder Schemel aus Holz mit einer Sitzfläche aus Flechtwerk. Man schläft auf einer gemauerten Bank oder auf Schilfrohrmatten, die auf dem Boden ausgerollt werden.

Leben im Freien

Die Ägypter verbringen viel Zeit im Freien. Gekocht wird im Hof.

Die Möbel der Ägypter sind im Allgemeinen sehr einfach.

dem Dorf

Dort steht ein großer, kegelförmiger Lehmofen. Das Korn wird auf der Terrasse gelagert. Sie dient in heißen Nächten auch als Schlafplatz.

Licht und Heizung

In den Häusern brennen nachts Öllampen. Sie bestehen aus einem flachen Tiegel mit einem Docht aus Flachs. Da Holz sehr rar ist, wird im Winter mit getrockneten Tierfladen geheizt. Man verbrennt sie in einer gemauerten Feuerstelle.

Wasser holen

Es gehört zur Aufgabe der Frau, am Brunnen oder an einem Wasserbecken aus Stein mit Tonkrügen Wasser zu holen. Diese anstrengende Arbeit verrichten die Frauen am Abend, wenn es langsam abkühlt.

Drei Mahlzeiten am Tag

Die Dorfbewohner nehmen täglich drei Mahlzeiten zu sich. Ihre Grundnahrungsmittel sind Brot und Bier. Dazu essen sie abwechselnd Zwiebeln, Salat, etwas Obst, manchmal Fisch und sehr selten Fleisch. Sie trinken auch Schafsmilch. Beim Essen sitzt die Familie um einen niedrigen Tisch. Die Speisen werden in Holz- oder Tonschalen gefüllt. Da es kein Besteck gibt, isst man mit den Händen.

Ein Gemüsegarten und etwas Vieh

Auf dem Land besitzen die besser gestellten Bauern einen kleinen Garten. Dort bauen sie etwas Gemüse an – wie Zwiebeln und Salat – und halten ein paar Tiere: Geflügel, Schweine, Ziegen. Doch die meisten Fellachen müssen mit dem Ernteanteil auskommen, den sie als Bezahlung für ihre Arbeit erhalten.

Wie begraben die Dorfbewohner ihre Toten?

Wie alle Ägypter möchten auch die Ärmsten, dass ihr Körper nach dem Tod erhalten bleibt. Da das Einbalsamieren zu teuer ist, behandelt man die sterblichen Überreste mit Fett und Salz. Anschließend wird der Tote in ein Leinentuch gehüllt und in der Wüste mit einigen Alltagsgegenständen beerdigt.

Die Häuser

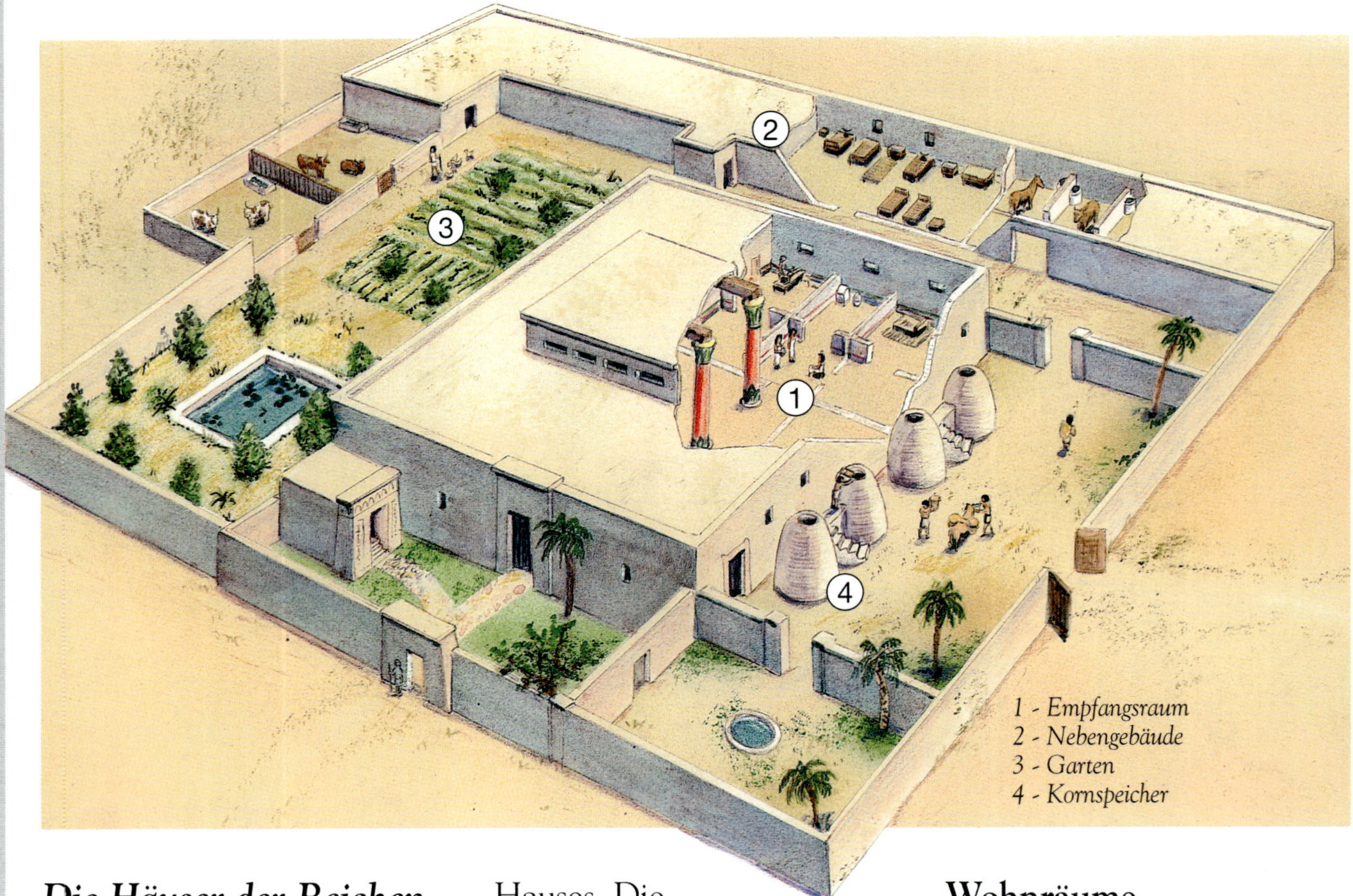

Die Häuser der Reichen sind von hohen Mauern umgeben. Sie werden wie die einfachen Häuser aus Lehmziegeln errichtet. Reich verzierte Wohnräume und ein Garten schmücken das Anwesen, in dem zahlreiche Diener beschäftigt sind.

Der Empfangsraum

Es ist der größte und prächtigste Raum des Hauses. Die hohe Decke wird von Säulen getragen. Die Wände sind bemalt und mit Friesen in Form von Früchten und Blumen verziert. An kühlen Tagen sorgt ein Feuer in einem Kamin für Wärme. In kleinen Mauernischen stehen Götterstatuen. Im Empfangsraum stehen kunstvolle Sessel, Stühle, Schemel und kleine Tische. Abends wird der Raum mit Öllampen erhellt.

Wohnräume

Im Erdgeschoss und im ersten Stock befinden sich die Schlafgemächer. Die Adligen schlafen auf Holzbetten mit Liegeflächen aus straff gespannten Leinenbändern. Häufig ruht der Kopf auf einer Kopfstütze (siehe Abbildung S. 63).

Großer Luxus

In einigen Häusern gibt es Badezimmer mit Steinfliesen auf dem Boden. Man benutzt keine Badewannen.

der Reichen

Die Adligen waschen sich, indem die Diener sie mit Wasser übergießen. Das Wasser fließt über ein Abwassersystem durch die Mauer ab. Es gibt auch Toiletten. Das sind Holz- oder Steinsitze über einem gemauerten Würfel, der mit Sand gefüllt ist.

Die Küche

Sie liegt außerhalb des Haupthauses oder in einem Nebengebäude. Das Dach besteht aus Blättern, durch die der Rauch abziehen kann. Zur Aufbewahrung der Wein- und Bierkrüge und der Lebensmittel hat man einen Keller in den Boden gegraben, in dem es schön kühl ist. Die Diener bereiten die Mahlzeiten auf einem Tisch oder auf dem Boden auf Papyrusmatten zu. Zu ihren Aufgaben gehört es, Fleisch am Spieß zu braten, Fisch zu salzen, Brot zu backen, Gemüse zu putzen oder Geflügel zu rupfen.

Großzügiger Garten

Vom Empfangsraum aus gelangt man in den Garten. Hier wachsen Weinranken, Blumen und Bäume wie Akazien, Weiden und Dattelpalmen. Meist gibt es einen Teich, in dem Seerosen und Lotosblumen blühen. Gänse und Enten spazieren um das Wasser herum. Häufig hält die Familie auch Katzen, Hunde, Affen und Mangusten, die Jagd auf Schlangen machen.

Nebengebäude

Zahlreiche Nebengebäude beherbergen die Dienerunterkünfte, die Lagerräume, den Stall und den Hundezwinger. In jedem Anwesen gibt es außerdem einen Brunnen oder ein Wasserreservoir und mehrere Kornspeicher.

Die Möbel der Adligen sind reicher verziert und aus wertvolleren Materialien gefertigt als die Möbel der einfachen Leute.

Rauschende

In reichen Haushalten lädt man gerne zu Gesellschaften ein. Die Gäste werden mit seltenen Speisen verwöhnt, während Musiker und junge Tänzerinnen für Unterhaltung sorgen.

Wo empfängt man die Gäste?

Der Hausherr und seine Gemahlin begrüßen die Gäste im Empfangsraum. Je nach ihrem Rang setzen sich die Gäste auf Sessel, Bänke, Schemel oder Matten. Die Männer versammeln sich auf einer Seite des Raums, die Frauen auf der anderen. Die Kinder sitzen auf Matten oder Kissen.

Willkommensgeschenke

Als Willkommensgruß erhält jeder Gast eine Lotosblumenknospe und Blumengirlanden. Diener bringen aus Fett und Honigwachs hergestellte Duftkegel, die auf das Haar gesetzt werden. Dort schmelzen sie in der Wärme langsam und verbreiten auf den Haaren, im Nacken und auf den Schultern einen angenehmen Duft. In einem angrenzenden Raum massieren die Diener des Hausherrn die Arme und Beine der Gäste mit Pomaden und Duftölen.

Essen mit den Fingern

Es gibt keine große Festtafel. Die Gäste sitzen zu zweit oder dritt um kleine Tische, auf denen die Diener die Platten abstellen. Besteck ist unbekannt. Man nimmt die Speisen in die Hand und legt das Fleisch auf Brotscheiben. Dienerinnen gehen mit Schüsseln und Wasserkrügen von Gast zu Gast, damit sie sich die

Feste

Hände waschen können. Es gehört sich so, dass man am Ende einer Mahlzeit saubere Hände hat.

Erlesene Speisen

Unter den aufgetragenen Speisen nimmt Fleisch eine wichtige Stellung ein. Es gibt Enten, Wachteln, Tauben oder Gazellen, die gegrillt, gebraten oder als Eintopf gereicht werden. Die beliebtesten Fleischsorten sind Rind und Gans. Manchmal werden auch Straußeneier serviert. Als Beilage gibt es Gemüse wie Linsen, Bohnen, Kohl und Lauch. Zum Nachtisch werden Honigbrote, Datteln oder Rosinen gegessen. Man trinkt Bier, Wein und andere alkoholische Getränke aus Datteln oder Granatäpfeln. Nicht selten sind die Gäste am Ende einer Feier betrunken.

Musik und Tanz

Zu jedem gelungenen Fest gehören Musiker und Tänzerinnen. Die Musiker spielen Flöte, Oboe, Tamburin, Klappern und auf der Harfe. Im Neuen Reich kommen zwei Saiteninstrumente aus Asien hinzu: die Laute und die Kithara. Sänger begleiten die Melodien, zu denen die Tänzerinnen tanzen. Im Alten Reich gehören akrobatische Einlagen wie Salto, Rad oder Sprünge zu den Tänzen. Im Mittleren Reich haben die Tänze große Ähnlichkeit mit dem Bauchtanz, der noch heute in den arabischen Ländern getanzt wird. Auch Geschichtenerzähler, die ägyptische Legenden vortragen, sind bei den Gästen beliebt.

Kleidung, Körperpflege

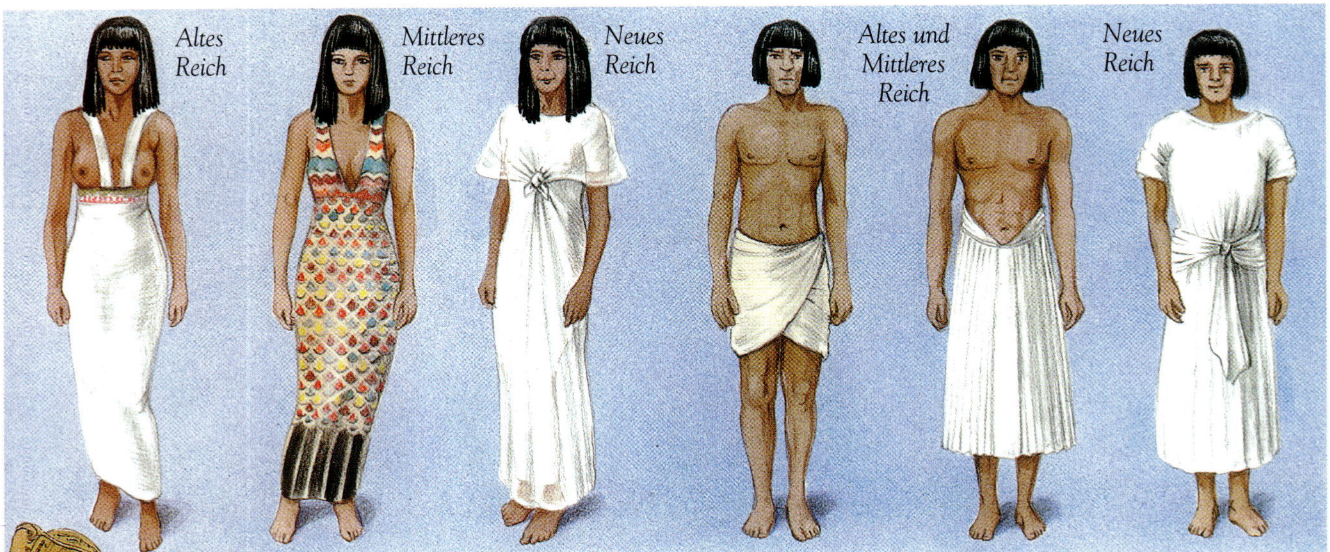

Die Ägypter tragen leichte Kleidung: die Männer einen Lendenschurz, die Frauen ein Kleid. Arme und Reiche tragen Schmuck in Form von Amuletten und Glücksbringern.

Weißes Leinen

Die ägyptischen Kleider sind aus Leinen. Dieser Stoff kühlt, wenn es heiß ist, und wärmt, wenn es kalt ist. Nur selten verwendet man Wolle, da sie vom Tier stammt und als unrein gilt. Die Stoffe lässt man weiß, nur in Ausnahmen färbt man sie ein. Die Ägypter lockern ihre Kleidung mit Blütenketten, Schmuck oder angenähten Perlen auf.

Lendenschurze und Kleider

Die Männer sind normalerweise mit einem Lendenschurz bekleidet, der bei den Armen von einer einfachen Schnur und bei den wohlhabenden Ägyptern von einem schönen Gürtel gehalten wird. Manchmal tragen sie auch Röcke und Tuniken. Die Frauen haben gerade Kleider an, die an den Schultern von schmalen Trägern gehalten werden. Im Neuen Reich sind die Kleider weiter geschnitten und man trägt ein Obergewand darüber. An Festtagen kleiden sich die Ägypter in besonders feine, fast durchsichtige Stoffe, wobei auch elegante Falten sehr gefragt sind.

Barfuß oder mit Sandalen?

Nur im Haus ziehen die Ägypter Schuhe an. Im Freien gehen sie meistens barfuß. Ihre Sandalen aus Papyrus oder Binsen befestigen sie am Gürtel oder lassen sie von einem Diener tragen.

Wie waschen sich die Ägypter?

Da es in Ägypten sehr heiß ist, waschen sich die Menschen jeden Tag. In den Häusern der Reichen gibt es ein eigenes Badezimmer. Weil die Seife erst später erfunden wird, verwenden die Ägypter

und Kosmetik

ein Bodensalz oder eine Mischung aus Asche und Lehm. Nach dem Waschen reiben sich Männer und Frauen mit Ölen ein, die die Haut geschmeidig machen, und parfümieren sich mit pflanzlichen Stoffen.

Haarmode

Die Männer rasieren sich und lassen sich die Haare regelmäßig schneiden. Im Neuen Reich tragen die Frauen die Haare lang. An Festtagen haben Männer wie Frauen duftende Perücken aus echtem Menschenhaar oder Pflanzenfasern auf.

Kunstvoll geschminkt

Männer wie Frauen und manchmal auch Kinder schminken sich. Sie umrahmen ihre Augen mit schwarzem Bleiglanz und legen Lidschatten auf. Dieser wird aus Malachit, einem grünen Stein, gewonnen. Wangen und Lippen überziehen sie mithilfe von natürlichen, in Öl gelösten Farbstoffen mit einem Hauch von Rot. Mit Henna werden die Haare, die Fingernägel, die Handflächen und die Fußsohlen gefärbt. Der Farbstoff wird aus einer getrockneten und zu Pulver gemahlenen Pflanze gewonnen.

Manche Inhaltsstoffe kommen von weit her und sind sehr teuer.

Schmuck

Alle Ägypter tragen Schmuck, der sie vor Gefahren schützen soll. Der einfachste Schmuck besteht aus einer Schnur, an der eine kleine Muschel hängt. Die reichen Ägypter tragen fein gearbeiteten Schmuck aus Edelsteinen wie Lapislazuli, Türkis und Amethyst. Es gibt auch Perlen aus Glaspaste und Schmuck aus Elfenbein und Silber. Die Goldschmiede fertigen Ringe, Armreife, Ketten und vieles mehr.

Familie und

Die Ägypter heiraten recht jung. Bei Arm und Reich spielt die Familie eine große Rolle.

Braut und Bräutigam

Die Jungen sind bei ihrer Heirat unter 20 Jahre, die Mädchen zwischen 14 und 18 Jahre alt. Meistens gehören die zukünftigen Eheleute zwei Familien aus dem gleichen Dorf und aus derselben Schicht an. Die Eltern kennen sich und beschließen gemeinsam die Verbindung ihrer Kinder. Der Bräutigam bringt eine Mitgift in die Ehe ein. Meist handelt es sich um ein Haus, das für die zukünftige Familie bestimmt ist.

Formlose Heirat

Am Tag der Hochzeit verlässt die Verlobte das Heim ihrer Eltern. Von einem kleinen Zug begleitet geht sie zu ihrem neuen Haus, in dem ihr Bräutigam auf sie wartet. Es gibt keine besondere Zeremonie. Braut und Bräutigam erklären, dass sie ihr Leben gemeinsam verbringen wollen und gelten von nun an als Mann und Frau. Die junge Frau wird „Hausherrin" genannt. Zur Feier des Tages wird ein großes Fest veranstaltet.

Ein Kind wird geboren

Wenn sie ein Kind erwartet, trägt die zukünftige Mutter zahlreiche Amulette, die sie und das Kind schützen sollen. Die Ägypterinnen gehen bei der Geburt in die Hocke oder verwenden einen speziellen Gebärstuhl. Damit es keine Komplikationen gibt, bitten sie die Nilpferdgöttin Toeris und den zwergenhaften Gott Bes um Beistand (siehe S. 76 und 78). Die Frauen gehen auch zu einem Priester und lassen sich die Zukunft der Kinder voraussagen. Die Familien sind sehr kinderreich, doch da die Lebensbedingungen hart sind, sterben viele

Das Fresko zeigt eine Geburt auf einem Gebärstuhl.

Kinder

Sobald sie alt genug sind, helfen die Kinder der armen Familien ihren Eltern. Hier zum Beispiel hüten sie die Ziegen.

Kinder. Paare, die keine eigenen Kinder bekommen können, adoptieren ein Waisenkind.

Zwei Vornamen

Gleich nach der Geburt geben die Eltern ihrem Kind zwei Vornamen. Der erste besteht häufig aus einem ganzen Satz wie zum Beispiel „Ptah sagt, dass er leben wird“ oder „Sei willkommen“. Der zweite Vorname ist eine Abkürzung des ersten. Es ist der Rufname des Kindes im täglichen Leben.

Kein Familienname

Es gibt keine Familiennamen. Der Schreiber in der Verwaltung, der die Geburt in einer Liste verzeichnet, schreibt den Namen des Neugeborenen und den Namen des Vaters oder der Mutter auf. So heißt ein Kind zum Beispiel „Senmut, Sohn des Menech“. Als Erwachsener fügt man seinem Namen als Unterscheidungsmerkmal die Berufsbezeichnung hinzu: „Senmut, der Goldschmied“.

Die ersten Jahre

Die Mütter stillen ihre Kinder zwei oder drei Jahre lang. Wenn sie arbeiten, tragen sie ihr Baby in einem Korb auf dem Rücken oder am Bauch oder wickeln es in ein Tuch, das sie sich um den Leib binden. Die kleinen Kinder sind meist nackt. Die Jungen der königlichen oder adligen Familien werden am Kopf rasiert, nur seitlich lässt man die Jugendlocke wachsen.

Die ägyptischen Mütter tragen ihre Babys in Tüchern oder Körben.

Spiel und Spaß für

Auch das Schlangenspiel ist weit verbreitet. Es wird auf einer Scheibe gespielt, die eine eingerollte Schlange darstellt. Jeder Spieler hat farbige Kugeln und sechs Löwen als Spielfiguren. Beim Spiel müssen die Kugeln von Feld zu Feld gerollt werden und es gewinnt, wer als Erster im mittleren Feld ankommt. Das Schildspiel, auch „Hund und Schakal“ genannt, wird mit Würfeln und Stäbchen gespielt, die mit Tierköpfen verziert sind. Leider sind uns die Regeln dieser Spiele heute nicht mehr bekannt, da sie nirgends erwähnt werden.

Die Ägypter lieben Spiele. Die Kinder spielen mit Bällen oder Puppen. Die Erwachsenen machen Gesellschaftsspiele oder nehmen an sportlichen Wettkämpfen teil.

Spielzeug aus Holz oder Ton

Die Kinder spielen auch mit geschnitzten Tieren auf Rollen wie zum Beispiel Mäusen, Krokodilen oder Pferden. Es gibt Puppen aus Holz und Kreisel, die die Kinder von Hand oder mit einer Schnur antreiben. Aus Ton machen sie kleine Figuren, die sie in der Sonne trocknen lassen.

Gesellschaftsspiele

Senet ist das beliebteste Gesellschaftsspiel. Die beiden Spieler schieben ihre Figuren über ein Brett mit 30 Feldern. Einige der Felder bringen Glück und helfen einem weiter, andere Felder verhindern ein Weiterkommen der Steine.

Groß und Klein

Die Männer üben sich im Ringen und messen sich im „Stockkampf“, einer frühen Form des Fechtens.

Jungenspiele
Das mit dem heutigen Bockspringen vergleichbare „Ziegenspiel“ ist einer der liebsten Zeitvertreibe. Zwei Kinder sitzen sich dabei gegenüber und bilden mit Armen und Beinen ein Hindernis, das übersprungen werden muss. Die beiden sitzenden Kinder dürfen sogar das Bein des Springers schnappen und ihn zum Stolpern oder Fallen bringen. Bei einem anderen Spiel versuchen die Jungen, mit dem Speer ein Ziel am Boden zu treffen.

Mädchenspiele
Die Mädchen jonglieren mit Lederbällen, die mit Stroh gefüllt sind. Bei einem ihrer Geschicklichkeitsspiele werfen sie sich den Ball zu, während sie auf dem Rücken einer Freundin sitzen. Die Mädchen spielen auch gern mit Puppen.

Wasserspiele
Auf den Papyrusbooten tragen die Ägypter spannende Wettkämpfe aus. Es gibt zwei Mannschaften. Jeder Mitspieler erhält eine lange Stange. Die Boote schwimmen aufeinander zu. Dabei versuchen die Spieler, mithilfe der Stangen das gegnerische Boot zum Kentern zu bringen, sodass die Gegner ins Wasser fallen.

Ringen und Fechten
Unter den aufmerksamen Blicken eines Schiedsrichters kämpfen zwei Männer mit bloßen Händen gegeneinander. Das Ziel ist, den Gegner zu Fall zu bringen und ihn am Boden festzuhalten. Ein anderer Zeitvertreib ist das Fechten. Dazu benutzen die Ägypter Stöcke. Der freie Arm wird mit einer Lederbandage geschützt. Ab dem Mittleren Reich sind diese Spiele auch Teil der Ausbildung der Soldaten.

Die Erschaffung

1 - In den ägyptischen Legenden erhebt sich Re einzig durch seinen Willen aus dem Urwasser Nun auf dem Gipfel des Urhügels.
2 - Der widderköpfige Gott Chnum schuf die Menschen auf seiner Töpferscheibe und gab ihnen eine Seele.

Nach ägyptischem Glauben ließ der Sonnengott Re die Welt aus der Finsternis und dem Urwasser aufsteigen.

Wie erklären sich die Ägypter das Universum?

Am Anfang der Zeit gab es, so glauben die Ägypter, nur die Finsternis und das riesige Urwasser namens Nun. Aus diesem Chaos erhob sich der Sonnengott Re, der die Welt erhellte. Durch Ausspucken schuf er Schu, den Gott der Luft, und Tefnut, die Göttin der Feuchtigkeit. Anschließend befahl Re dem Ozean sich zurückzuziehen. Aus dem Urwasser stieg eine Insel, der so genannte Urhügel. Dort ließ Re sich nieder und schuf Pflanzen, Vögel und Tiere, indem er ihre Namen aussprach. So entstand die Welt. Das Wasser Nun umgibt auch weiterhin die Erde, doch dank der Macht der Sonne kann es sie nicht verschlingen. Die alten Ägypter leben jedoch in der ständigen Angst, dass Nun irgendwann doch noch die Erde überschwemmt.

Himmel und Erde

Schu und Tefnut zeugten zwei Kinder: Geb, die Erde, und Nut, den Himmel. Re trennte die beiden: Geb blieb auf der Erde und Nut nahm seinen Platz am Himmel ein.

Die Erschaffung der Menschen

In vielen ägyptischen Mythen werden die Menschen von dem widderköpfigen Gott Chnum auf seiner Töpferscheibe geformt. Er gibt ihnen nicht nur ihre Form, sondern auch ihre Seele.

Darstellung der Welt bei Tag mit Nut, dem Himmel, Geb, der Erde, und der Sonnenbarke des Re

Die Tag- und Nachtreisen des Re

In seiner Barke fährt Re ständig durch die Welt, die er geschaffen hat. Morgens verlässt er den Körper des Himmels Nut, trinkt, isst, wäscht sich und steigt in seine Sonnenbarke. In ihr fährt er von Osten nach Westen über den Horizont. Seine Fahrt dauert zwölf Stunden. Abends verschlingt Nut ihn. Re steigt nun in seine Nachtbarke und reist durch die Unterwelt. Diese Reise dauert ebenfalls zwölf Stunden. Auf ihr begegnet Re zahlreichen Dämonen wie beispielsweise dem bösen Schlangendämon Apophis, der ihn verschlingen will. Doch zahlreiche Gottheiten stehen dem Sonnengott bei. Jeden Morgen triumphiert er über seine Feinde. Er verlässt Nut und erscheint jeden Morgen wieder am Himmel. Erleichtert empfangen ihn die Ägypter bei Sonnenaufgang.

Die Gestalten des Re

Im Laufe des Tages nimmt der Sonnengott Re mehrere Gestalten an. Morgens, wenn er sich erhebt, ist er der Gott Chepre und sieht aus wie ein Skarabäus. Mittags, wenn die Sonne an ihrem höchsten Punkt steht, heißt er Re und wird als perfekte Sonnenscheibe dargestellt. Abends, wenn er sich schlafen legt, wird er zu einem müden, alten Mann. Nun trägt er den Namen Atum. Die Verehrung des Sonnengottes Re beginnt schon sehr früh. Im Mittleren Reich wird er mit Amun, einem anderen Gott, verbunden. Er gilt als sein verborgener Doppelgänger (siehe S. 76).

Darstellung der Welt bei Nacht: Der Luftgott Schu stützt die Himmelsgöttin Nut.

Der Mythos von

Seth will seinen Bruder Osiris vernichten, um selbst den Thron von Ägypten zu besteigen. Mit einer List bringt er Osiris dazu, sich in eine Truhe zu legen. Die Truhe lässt er in den Nil werfen.

Der Gott der Erde Geb und die Himmelsgöttin Nut zeugen mehrere Kinder. Ihr Sohn Osiris heiratet seine Schwester Isis und wird Pharao von Ägypten. Als gerechter König bringt er den Menschen den Ackerbau sowie Brot und Wein. Ägypten wird ein blühendes Land. Dies weckt den Neid seines Bruders Seth.

Seth will Osiris vernichten

Als Osiris von einer langen Reise zurückkehrt, veranstalten Seth und seine Komplizen ein großes Fest zu seinen Ehren. Während des Banketts lässt Seth eine reich verzierte Truhe bringen, die er speziell für diesen Zweck fertigen ließ. Er verspricht die Truhe demjenigen zu schenken, der genau hineinpasst. Als Osiris sich in ihr ausstreckt, schließt Seth den Deckel und lässt die Truhe in den Nil werfen.

Wieder zum Leben erweckt

Die Truhe sinkt nicht, sondern wird von den Fluten davongetragen. So erreicht sie das Mittelmeer. Isis macht sich auf die Suche nach ihrem Gemahl, um ihm eine würdige letzte Ruhestätte zu verschaffen. Sie findet den Körper von Osiris im Hafen von Byblos. Seth erfährt davon und eilt zu ihr. Er bringt den Leib des Bruders in seine Gewalt und zerteilt ihn in mehrere Stücke, die er im ganzen Land verstreut.

Anubis, der Gott der Einbalsamierer, lässt Osiris wieder auferstehen. Osiris regiert von nun an über das Totenreich.

Isis und Osiris

Das Gericht der Götter mit Re als oberstem Richter

Isis bringt das Gericht schließlich dazu, zu Gunsten von Horus zu entscheiden: Er wird König von Ägypten.

Seth verfolgt Horus

Seth will das Urteil nicht annehmen. Er setzt durch, dass er und Horus die Gestalt von Nilpferden annehmen. Derjenige, der drei Monate lang im Nil ausharren kann, soll König werden. Nachdem sie untergetaucht sind, verletzt Isis Seth mit einer Harpune, tötet ihn jedoch nicht. Am Ende wird Horus als König anerkannt. Re überträgt Seth nunmehr die Aufgabe, die bösen Geister zu vertreiben.

Die liebende Gemahlin sucht die einzelnen Körperteile wieder zusammen und lässt den Körper von Osiris einbalsamieren. Der Gott Anubis hilft ihr dabei. Auf diese Weise wird Osiris wieder zum Leben erweckt. Er regiert von nun an nicht mehr auf der Erde, sondern im Reich der Toten.

Die Rache des Horus

Seth, der seinem Bruder den ägyptischen Thron abspenstig gemacht hat, weiß nicht, dass Osiris und Isis einen Sohn haben: Horus. Seine Mutter versteckt ihn, bis er erwachsen und stark genug ist, um die Ermordung seines Vaters zu rächen.

Das Gericht der Götter

Horus bittet das Gericht der Götter mit Re als oberstem Richter darum, die Nachfolge seines Vaters antreten zu dürfen. Der ibisköpfige Gott Thot unterstützt ihn. Doch Re hält zu Seth, weil der ihm nachts hilft, gegen den Schlangendämon Apophis zu kämpfen (siehe S. 73).

Einige ägyptische

Die Ägypter verehren eine Vielzahl von Göttern. Die meisten Gottheiten werden in Tiergestalt dargestellt.

Amun und Re

Der Sonnengott Re ist der Schöpfer der Welt. Dank seiner Macht kann das Urwasser Nun die Welt nicht überschwemmen (siehe S. 72). Amun, der Verborgene, ist mit ihm verbunden. Im Neuen Reich verschmelzen die beiden Namen zu Amun-Re.

Anubis

Er wird als Schakal oder als Mensch mit Schakalkopf dargestellt. Anubis hilft Isis bei der Einbalsamierung von Osiris. Anubis empfängt die Toten, überwacht ihre Mumifizierung und führt ihre Seele zum Totenrichter Osiris.

Apis

Der Stiergott verkörpert Stärke, Fruchtbarkeit und Wiedergeburt. Er wird vor allem in Memphis verehrt, wo ihm ein Tempel geweiht ist.

Bes

Dieser Schutzgott mit der zwergenhaften Gestalt und dem Bart ist sehr beliebt, denn er beschützt die Frauen bei der Geburt ihrer Kinder. Er bringt Freude in die Häuser und vertreibt gefährliche Tiere und böse Geister.

Hapy

An ihn wenden sich die Ägypter, um eine gute Nilschwemme zu erbitten. Er trägt eine Krone aus Papyrus oder Lotosblumen.

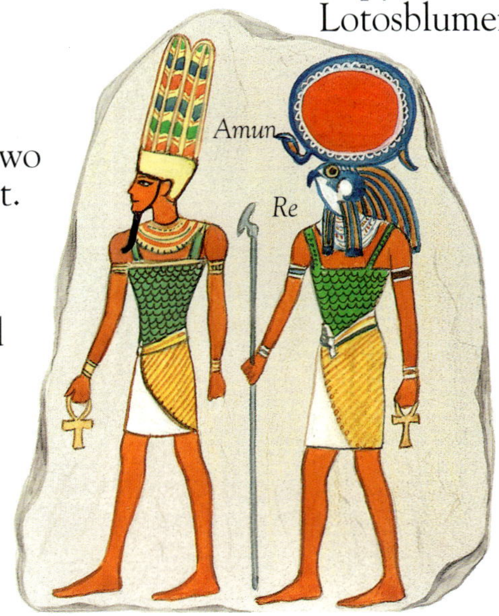

Götter

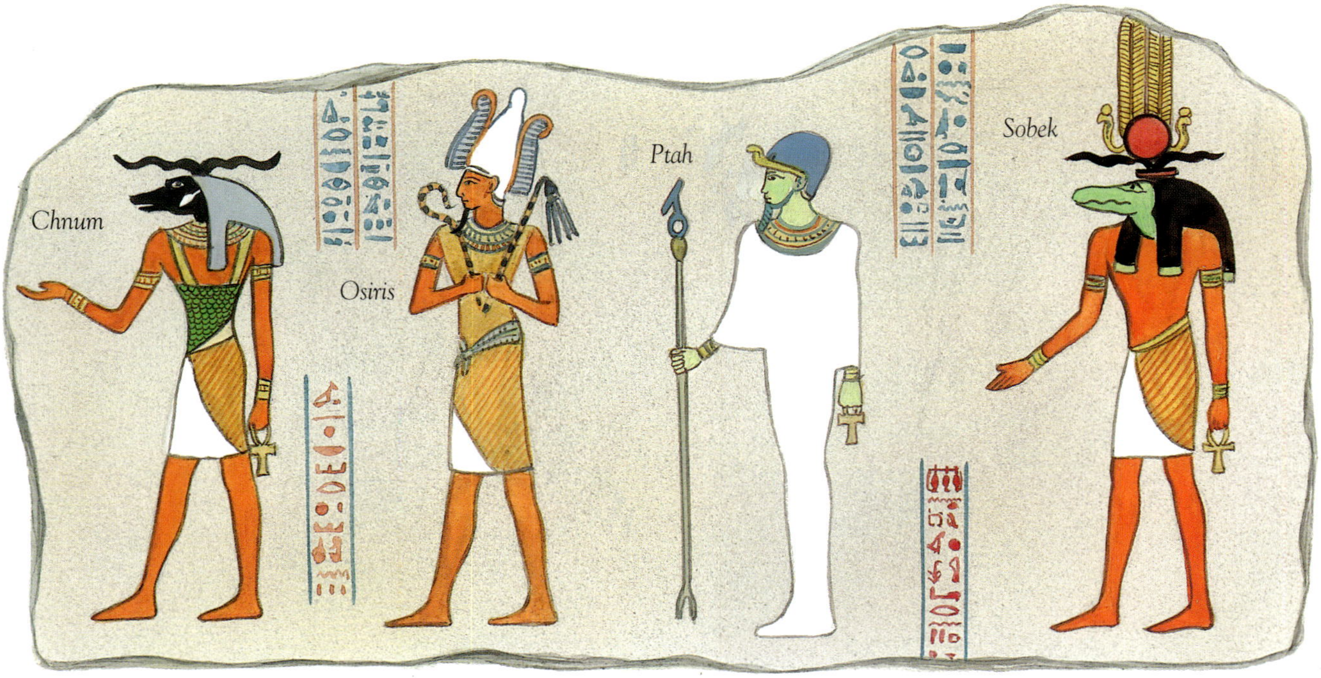

Horus
Er ist der einzige Sohn von Osiris und Isis und wird als Falke oder als Mensch mit Falkenkopf dargestellt. Das Auge des Horus ist ein beliebtes Amulett.

Chnum
Der widderköpfige Gott formt die Menschen auf seiner Töpferscheibe. Er wird als Gott der Arbeiter verehrt, die Dinge aus Lehm formen. Er ist auch Spender des Nilhochwassers und des fruchtbaren Nilschlamms.

Osiris
Nachdem seine Schwester und Gemahlin Isis ihn wieder zum Leben erweckte, wird Osiris zum Herrscher der Unterwelt und zum Totenrichter (siehe S. 74-75).

Ptah
Er ist der Gott der Künstler und Goldschmiede. In Memphis wird er auch als Schöpfergott verehrt.

Sobek
Der Gott des Wassers und der Sümpfe in Gestalt eines Krokodils ist auch ein wichtiger Fruchtbarkeitsgott.

Seth
Er ist der eifersüchtige Bruder von Osiris (siehe S. 74-75). Nachts hilft er Re auf seiner Reise, tagsüber herrscht er über die Wüsten.

Thot
Der ibisköpfige Gott erfand die Schrift. Er ist der Gott des Wissens und der Schreiber und auch der Gott des Mondes.

Göttinnen

Isis ist die beliebteste Göttin. Sie wird vor allem in ihrer Rolle als Mutter hoch verehrt.

Isis
Sie ist die Schwester und die Gemahlin des Osiris. Sie verhilft Osiris zu neuem Leben und schenkt ihm einen Sohn, Horus. Isis ist für ihre Zauberkräfte berühmt.

Bastet und Sachmet
Sie sind die zwei Erscheinungsformen einer einzigen Göttin. In Gestalt der Katze Bastet verkörpert sie die heilsamen Kräfte der Sonne, als Löwin Sachmet die zerstörerischen wie Trockenheit und Brände.

Hathor
Sie wird als Kuh dargestellt oder als Frau mit Hörnern. Sie ist die Göttin der Liebe, der Freude und der Musik. Mit ihrer Milch säugt sie das Kind des Königs, das einst Pharao werden wird.

Maat
Als Göttin der Wahrheit und Gerechtigkeit verkörpert sie die göttliche Ordnung. Sie trägt eine Straußenfeder im Haar. Diese Feder liegt beim Totengericht in der Waagschale, wenn das Herz des Verstorbenen gewogen wird.

Toeris
Die auch als Taweret bekannte Göttin hat den Körper eines trächtigen Nilpferds und die Beine eines Löwen. Sie ist die Schutzgöttin der Schwangeren und Entbindenden.

Heilige Tiere und Amulette

Manche Tiere wie Katzen, Hunde und Krokodile wurden mumifiziert. Man entdeckte sie in Grabstätten.

Katzen, Stiere und Krokodile sind heilige Tiere. Als Vertreter der Götter leben einige von ihnen in Tempeln. Jeden Tag bringen die Priester ihnen Opfergaben dar. Amulette sind bei den Ägyptern unverzichtbar, denn sie sind Glücksbringer.

Abbild der Götter

Die heiligen Tiere besitzen die guten oder bösen Kräfte des Gottes, den sie verkörpern. Manche Tiere werden nach dem Tod sogar mit großem Aufwand mumifiziert.

Katzen und Krokodile

Die Ägypter verehren die Katzen im Tempel von Bubastis im östlichen Nildelta. Die Tiere gelten als Vertreterinnen der Göttin Bastet. In den Sobek geweihten Tempeln leben zahlreiche Krokodile, wie zum Beispiel in Krokodilopolis in der Oase Fayum.

Hund und Manguste

Viele Hunde streunen um die Grabstätten herum. Wahrscheinlich wird deshalb der Hund mit Anubis, dem Gott der Einbalsamierer, in Verbindung gebracht. Auch die Manguste, eine Schleichkatze, ist ein heiliges Tier. Als Feind der Schlangen fürchtet sie sich nicht vor einem Biss und wird auch „Ratte des Pharao“ genannt.

Amulette – Gegenstände mit Zauberkraft

Amulette sollen die Ägypter vor Krankheiten und Unglück schützen. Amulette können aus Stein, Keramik, Holz, Glas oder Gold sein. Die häufigsten Schutzsymbole sind der Skarabäus, der Frosch und das Auge des Horus (siehe S. 115). Man schiebt Amulette auch zwischen die Bindenschichten der Mumie, wenn der Tote einbalsamiert wird.

Diese Amulette fand man bei Mumien.

Die Tempel – Kult

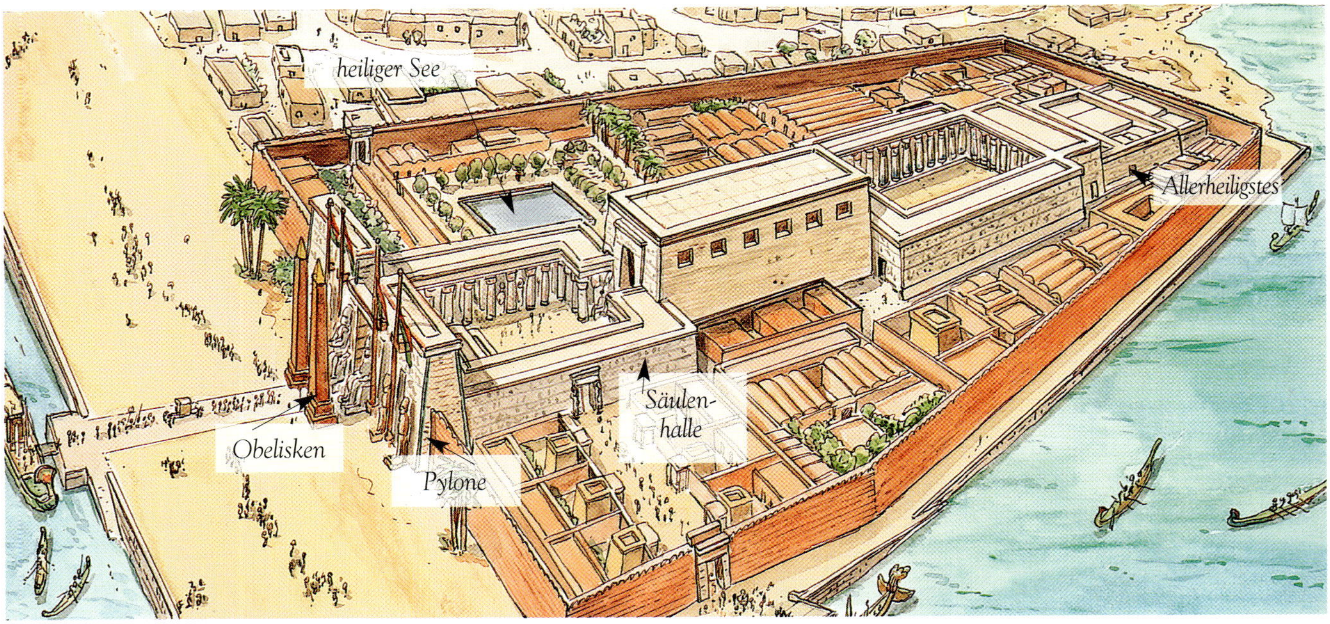

Diese Darstellung zeigt die verschiedenen Bereiche einer typischen Tempelanlage.

Der Tempel ist die irdische Heimstätte des Gottes. Da er unvergänglich sein soll, wird er aus Stein erbaut. Der Gott wohnt im Götterschrein im Allerheiligsten. Nach ägyptischem Glauben isst und schläft er dort. Das Volk darf anlässlich von Feiertagen den Tempelhof betreten. Ins Innere des Tempels dürfen nur die Priester und der Pharao vordringen.

Wo wird der Tempel errichtet?

Der Tempel wird am rechten Nilufer gebaut, da die Sonne auf dieser Seite des Flusses aufgeht. Eine Sphingenallee führt vom Ufer zu den beiden Tortürmen, den so genannten Pylonen, die am Eingang zum Tempelhof stehen. Im Inneren gibt es mehrere Säulenhallen. Eine solche Halle nennt man auch Hypostyl. Im hinteren Teil des Tempels liegt das Allerheiligste. Es darf nur von Priestern betreten werden. Im Allerheiligsten steht der Naos, ein Schrein mit der Statue des Gottes.

Wie richtet man Obelisken auf?

Obelisken stellen Sonnenstrahlen dar. Sie werden aus einem einzigen Granitblock im Steinbruch von Assuan gehauen und per Schiff zum Zielort befördert. Arbeiter ziehen sie dann zu einer mit Sand gefüllten Grube hoch. Anschließend wird der Sand abgelassen, sodass der Obelisk sich aufrichten kann (siehe dazu die Abbildungen).

Warum wird der Pharao auf den Pylonen dargestellt?

Traditionsgemäß ist der Pharao der einzige Priester im Dienst der Götter. Da er die religiösen Handlungen aber nicht in allen Tempeln des Landes vollziehen kann, lässt er sich durch riesige Steinskulpturen vertreten.

stätten der Götter

Das Wort „Hypostyl" bedeutet, dass die Decke der Halle von Säulen getragen wird. In Ägypten sind die Steinsäulen mit kräftigen Farben verziert. In einem Tempel gibt es normalerweise mehrere Säulenhallen.

Die Tempelanlage

Zum Tempel gehört eine ganze Anlage. An die Säulenhallen schließen sich mehrere Nebengebäude an: In der Schatzkammer befinden sich Gefäße, Schmuck und Kultgegenstände. In der Kleiderkammer sind die Kleider des Gottes. Eine Kammer ist für die Barke bestimmt, auf der die Statue des Gottes beim Opet-Fest getragen wird. In der Vorratskammer bereiten die Priester die Speisen für den Gott zu. Die Papyri bewahrt man in der Bibliothek des Tempels auf. In der Schule werden die jungen Priester unterrichtet. Im Observatorium auf dem Dach können die Priester-Astronomen die genauen Zeiten bestimmen, an denen die Rituale vollzogen werden müssen.

Die Architektur verbindet Himmel und Erde

Die einzelnen Teile des Tempels liegen nicht auf gleicher Höhe. Je weiter man in das Innere des Tempels vordringt, umso höher muss man steigen. Gleichzeitig senken sich die Decken ab. Die Architektur stellt damit symbolisch dar, wie Himmel und Erde sich annähern, bis sie sich im Allerheiligsten verbinden.

Auf einem Schlitten wird der Obelisk bis zur vorbereiteten Grube gezogen.

Vorsichtig kippt man den Obelisken in den mit Sand gefüllten Schacht.

Unten wird Sand abgelassen, sodass der Obelisk sich aufrichtet, bis er stabil steht.

Der im Fundament fest stehende Obelisk wird senkrecht ausgerichtet und fixiert.

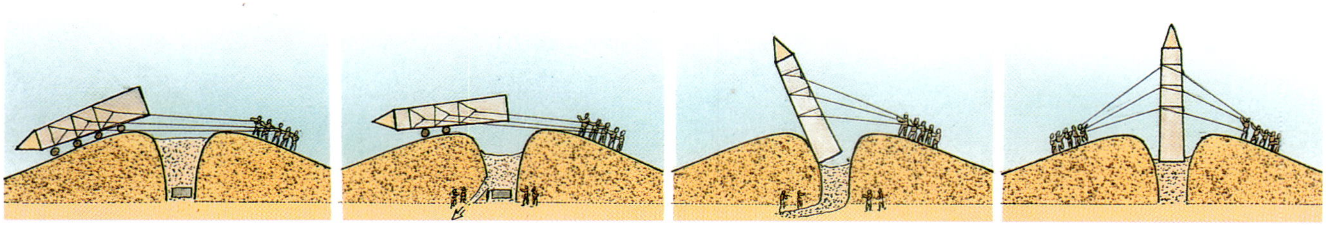

Im Dienst der

Die Priester tragen weißes Leinen und rasieren sich den Kopf. An besonderen Feiertagen hängen sich die Hohepriester Leopardenfelle um.

Die Priester dienen ihrem Gott wie ein Diener seinem Herrn. Ein Großteil ihres Lebens ist der Huldigung ihres Gottes gewidmet. Sie wachen über den Gott, ernähren ihn und vergrößern seinen Reichtum.

Wie wird man Priester?
Die obersten Priester eines Tempels ernennt der Pharao. Sie werden aufgrund ihrer Kenntnisse in Religion, Medizin und Astronomie auserwählt. Die anderen Priester geben ihr Amt vom Vater an den Sohn weiter. Die Priester vertreten den Pharao vor ihrem Gott und vollziehen die täglich vorgeschriebenen religiösen Handlungen. Sie bringen dem Gott Nahrung, reinigen den Tempel, tragen die Barke des Gottes an Festtagen u.a. Die Priester-Vorleser lesen die heiligen Texte. Die Priester-Astronomen berechnen die Zeiten für die Rituale.

Große Disziplin
Die Priester müssen strenge Lebens- und Reinheitsregeln befolgen. Sie waschen sich im Wasser des heiligen Sees, der normalerweise neben dem Tempel liegt. Sie rasieren sich den Kopf, zupfen alle Körperhaare aus und tragen nur Kleider aus Leinen, da dieser Stoff als rein gilt. Die Priester sind in Gruppen eingeteilt, die sich beim Dienst an ihrem Gott abwechseln. Einen Monat lang leben sie in den Tempeln und bleiben anschließend bis zum nächsten Dienst bei ihren Familien.

Bevor er den Gott weckt, kniet der Priester nieder und spricht einige Gebete.

Götter: die Priester

Jeden Tag betreten die Priester das Allerheiligste und breiten vor der Statue die Speisen aus, die sie für den Gott zubereitet haben.

Die Priester verwalten die Ländereien

Zu den Tempeln gehören weitläufige Ländereien und Werkstätten mit vielen Handwerkern. Die Priester verwalten diesen Besitz. Zahlreiche Schreiber unterstützen sie dabei. Durch die Arbeit der Fellachen und Arbeiter mangelt es den Priestern an nichts.

Der tägliche Kult

Als Kult bezeichnet man die Gesamtheit aller Rituale, mit denen man dem Gott huldigt. Jeden Morgen betritt ein Hohepriester des Tempels das Allerheiligste und weckt den Gott. Der Priester kniet nieder und betet. Dann serviert er die für den Gott zubereiteten Speisen. Die Statue wird natürlich nichts essen, doch die Tradition verlangt, dass diese Opfer jeden Tag dargebracht werden. Das nächste Ritual ist die Waschung. Der Priester entkleidet die Statue, wäscht sie und zieht ihr frische Kleider an. Er behängt sie mit Schmuck, schminkt sie und benetzt die Stirn mit einem Duftöl. Danach schließt er die Türen des Naos. Das ist der Schrein, in dem die Statue steht. Der Hohepriester versiegelt ihn mit Lehm und verlässt das Allerheiligste rückwärts. Dabei wischt er seine Fußspuren vom Boden auf. Er trägt auch die Speisen vom Vortag hinaus. Jeden Tag gibt es drei Dienste dieser Art. Damit das Gleichgewicht auf der Welt nicht gestört wird, müssen sie zu exakten Zeiten ausgeführt werden.

Die Statue der Göttin Maat

Die Göttin Maat verkörpert die von den Göttern gefügte Weltordnung. Wenn der Priester dem Gott Speisen bringt, zeigt er ihm eine Statue der Maat – denn der Gott nimmt mit der Nahrung zugleich die Weltordnung in sich auf.

Feste zu Ehren

Der Pharao betrachtet die Barke mit der Statue von Amun-Re.

Jedes Jahr werden in Theben zu Ehren des Gottes Amun-Re zwei große Feste veranstaltet. Beim Opet-Fest wird die Statue des Gottes vom weitläufigen Tempel von Karnak in den Tempel von Luxor überführt. Beim „Schönen Fest vom Wüstental" besucht Amun-Re das Tal der Könige.

Das Opet-Fest

Dieses Fest findet jedes Jahr am 15. Tag des zweiten Monats der Überschwemmung statt, also Ende August oder Anfang September. An diesem Tag besucht der Gott Amun-Re die Göttin Mut – seine Gemahlin – in ihrem Tempel in Luxor. Zwischen den beiden Tempeln liegen 3 Kilometer. Die Prozession von einem Tempel zum anderen dauert Stunden, denn unzählige Menschen säumen die Straßen. Viele kommen von weit her.

Der Pharao weckt den Gott

Am Tag des Opet-Fests übernimmt der Pharao selbst das Wecken und Waschen der Statue des Amun-Re. Nach dem Ankleiden wird die Statue auf eine Barke aus edlem Zedernholz gehoben. Von mehreren Priestern getragen verlässt Amun-Re in seiner Barke das Allerheiligste. Die Prozession überquert den Hof und wendet sich in Richtung Nilufer. Nur langsam kommt der Zug voran. Bei jeder Pause sprechen die Priester Gebete, erzählen Geschichten aus dem Leben des Gottes und bringen Opfer dar.

Amun-Re trifft Mut

Die Statue wird auf ein Boot mit vergoldetem Rumpf

von Amun-Re

Während der Prozessionen können die Ägypter den Gott befragen.

gebracht. Am Ufer folgt ein riesiger Menschenzug der Prozession. Musiker, Sänger und Tänzer begleiten den Zug. Die Priester verbrennen Weihrauch, um die bösen Geister zu vertreiben, die versuchen sollten sich der Barke zu nähern. In Luxor angekommen wird Amun-Re zu seiner Gemahlin getragen. Die beiden Statuen bleiben mehrere Tage zusammen, bevor Amun-Re wieder die Rückreise nach Karnak antritt.

Schönes Fest vom Wüstental

Dieses Fest findet jedes Jahr Mitte Mai statt, wenn die Ernten eingebracht sind. Die Statue von Amun-Re verlässt den Tempel und huldigt den Toten, die in den Felsengräbern am Westufer des Nils ruhen. Die Barke des Gottes überquert dazu den Fluss. Das Gefolge, das Amun-Re auf der anderen Seite erwartet, begleitet ihn bei seinem Besuch.

Fragen an den Gott

Das ganze Jahr über finden in allen Tempeln Ägyptens Prozessionen der Gottheiten statt. Der jeweilige Gott besucht dabei seine Ländereien und trifft das Volk. Da das einfache Volk das Allerheiligste im Tempel nicht betreten darf, nehmen viele Ägypter an den Prozessionen teil. Wenn die Träger kleine Ruhepausen einlegen, versuchen die Menschen durch die Menge zur Statue zu gelangen, um ihr eine Frage über die Vergangenheit oder die Zukunft zu stellen. Wenn die Träger anschließend vorwärts gehen, ist die Antwort „ja“, wenn sie rückwärts gehen, bedeutet es „nein“.

Frauen tanzen und singen bei den Feierlichkeiten.

Die Mumifizierung

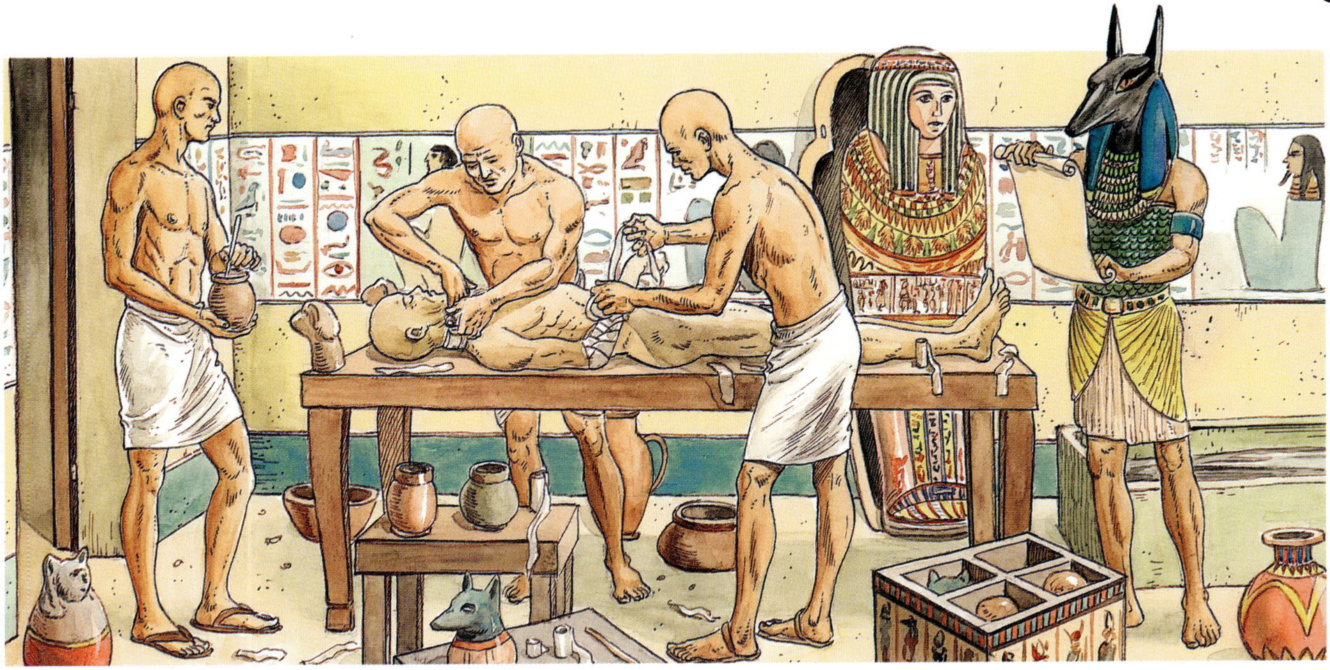

Manchmal trägt einer der Priester bei der Mumifizierung die Maske des Gottes Anubis.

Im ägyptischen Glauben ist der Tod der Übergang in ein anderes Leben. Damit der Verstorbene jedoch Unsterblichkeit erlangt, muss sein Körper unversehrt bleiben.

Warum muss der Körper erhalten bleiben?

Jeder Mensch besitzt nach ägyptischem Glauben eine Seele namens Ba und einen verborgenen Doppelgänger namens Ka. Nach dem Tod verlassen die Ba-Seele und der Ka regelmäßig den Körper des Verstorbenen und gehen auf Reisen, kommen aber immer wieder zurück. Wenn der Körper zerstört wird, irren Ba und Ka suchend umher und der Tote kann keine Unsterblichkeit erlangen.

Wie konserviert man den Körper?

Die Ägypter fanden heraus, dass die Wüste die Körper der Toten austrocknet. Die sterblichen Überreste der dort Begrabenen blieben wegen der Trockenheit erhalten und verfielen nicht. Die Kunst des Einbalsamierens und Mumifizierens besteht darin, diesen natürlichen Vorgang nachzuahmen. Man verwendet dafür Natron, ein Salz, das in Ägypten in großen Mengen vorkommt.

Die Vorbereitung des Körpers

Der Einbalsamierer zieht zunächst das Gehirn mit einem Haken durch die Nase heraus. Dann öffnet

Die Eingeweidekrüge heißen Kanopen.

der Toten

Die Seele Ba wird als Vogel dargestellt. Der Doppelgänger des Verstorbenen, der Ka, ist unsichtbar.

er den Körper mit einem Schnitt und entnimmt die Eingeweide: Lunge, Leber, Magen und Darm. Jedes Organ wird sorgsam in Leinenstoffe gewickelt und in Eingeweidekrüge, die so genannten Kanopen, gelegt. Das Herz gilt als Sitz der Gedanken und Gefühle. Es wird entnommen, einbalsamiert und zurück in die Brust gesetzt. Manchmal wird es durch einen Skarabäus in Herzform ersetzt.

Die Mumifizierung
Das Austrocknen des Körpers dauert ungefähr 40 Tage. Der Körper wird innen und außen mit Natron bedeckt, sodass ihm alle Flüssigkeit entzogen wird. Wenn der Körper des Toten trocken ist, behandelt man ihn mit Öl, Salben, Gewürzen und Kiefernharz. Der Kopf und der Leib werden mit Leinen und Holzspänen gefüllt, der Schnitt an der Seite wird geschlossen und mit einer Bienenwachstafel bedeckt. In die eingefallenen Augäpfel legt man Leinenbäusche, Wachs oder kleine Zwiebeln. Die Finger und die Zehen werden manchmal mit Goldplättchen geschützt.

Amulette für die Mumie
Die fertige Mumie wird mit Leinenbinden umwickelt und in ein Tuch gehüllt. Zum Schluss wird das Leinen mit quer gewickelten Binden fixiert. Zwischen die Bindenschichten schiebt man an bestimmten Stellen des Körpers Amulette. Das Gesicht wird mit einer Totenmaske mit dem Antlitz des Verstorbenen bedeckt. Die Totenmaske der Pharaonen ist aus Gold. Die einfachen Ägypter nehmen Leinenbinden und Papyrusblätter, die sie mit Gips bestreichen. Auf den Körper legt man Blumen und Palmwedel.

Im 19. Jahrhundert fand man die sehr gut erhaltene Mumie von Ramses II. Sie wurde jedoch von einem Pilz befallen und wäre fast zerstört worden. Die Wissenschaftler konnten sie 1977 retten.

Die Grablegung

Am Tag der Bestattung begleitet ein Trauerzug die Mumie zu ihrem Grab. Zunächst muss er den Nil überqueren, denn die Grabstätten liegen immer am linken Ufer des Flusses: Dort befindet sich das Reich der Toten.

Wer begleitet die Mumie?

Die Familie und die Freunde versammeln sich um den Verstorbenen. Die Mumie liegt im offenen Sarg auf einem Schlitten. Ein Priester schreitet voran. Er versprengt Milch und verbrennt Weihrauch. Berufsmäßige Klageweiber werden von der Familie dafür bezahlt, laute Wehklagen anzustimmen. Auch Tänzer sind dabei.

Das Ritual der Mundöffnung

Vor dem Grab kommt die Prozession zum Stehen. Der älteste Sohn des Toten öffnet den Mund der Mumie. Durch dieses Ritual können die Lebensgeister des Verstorbenen später wieder in ihn fahren. Ein Priester berührt den Mund, die Augen, die Nase, die Ohren und andere Körperteile mit heiligen Gegenständen. Nun wird der Sarkophag, also der Sarg, endgültig

der Mumie

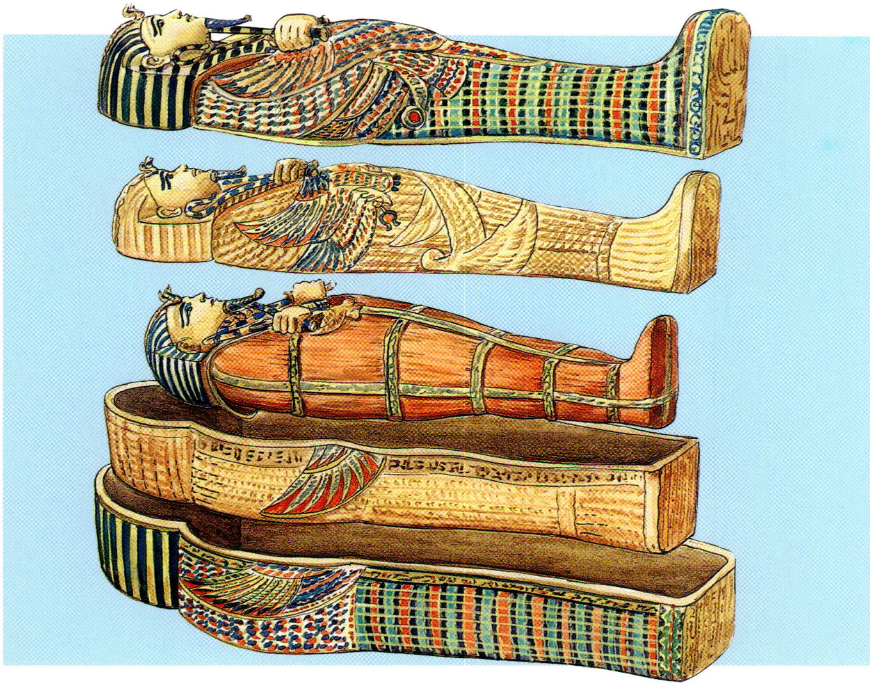

Manchmal schützten zwei oder drei ineinander gelegte Sarkophage die Mumie.

verschlossen und im Grab in ein steinernes Ruhebett gelegt.

Sarkophage
Im Alten Reich sind die Sarkophage rechteckig und aus Holz. Ab dem Mittleren Reich haben sie die Form eines menschlichen Körpers und sind aus Papyrusblättern gefertigt.

Grabbeigaben
Dem Toten darf es im Jenseits an nichts fehlen. Seine Familie legt neben den Sarkophag Nahrung, Kleidung, Geschirr, Werkzeug, Spiele und stellt sogar ein Bett und Möbel auf. Wenn der Tote Soldat war, wird er mit seinen Waffen bestattet. War er Schreiber, wird ihm das Schreibwerkzeug mitgegeben. Während der Bestattung lesen die Priester aus dem Totenbuch, um dem Toten ein glückliches Leben im Jenseits zu sichern. Am Schluss wird das Grab zugemauert und versiegelt.

Das Totenbuch
Es ist ein auf Papyrus niedergeschriebener Text, der manchmal mit Bildern ausgeschmückt ist. Das Totenbuch wird mit in das Grab gelegt. Es enthält die Worte, die der Verstorbene sprechen muss, um in das Reich der Toten zu gelangen. Mithilfe des Totenbuches überwindet er alle Fallen der bösen Geister und Dämonen in der Unterwelt.

Wer sind die Uschebtis?
Das sind kleine Figuren aus Stein, Holz, Steingut, Glas oder Bronze, die in die Totenkammer gestellt werden. Sie sind Nachbildungen von Dienern, die dem Toten im Jenseits alle schweren Arbeiten wie pflügen, kochen usw. abnehmen sollen. In manchen Gräbern fand man für jeden Tag des Jahres eine Figur.

Uschebtis sind kleine Figuren, die in das Grab gestellt werden und dem Toten dienen sollen.

Das Totengericht

Nach ägyptischem Glauben muss der Tote die Prüfung durch das Totengericht bestehen, bevor er in das Reich der Toten gelangen kann. Dabei wird sein Herz gewogen.

Das Totengericht

Der Gott Horus führt den Toten in die Halle der Wahrheit zu Osiris. Osiris, der Herrscher des Totenreiches, ist oberster Richter. Er wird von 42 weiteren Richtern unterstützt. Sie unterziehen den Toten einem strengen Verhör. Er muss schwören, dass er in seinem Leben keine Sünden begangen hat. Thot, der Gott der Schreiber, notiert die Antworten.

Das Wiegen des Herzens

Um den Wahrheitsgehalt der Aussagen zu überprüfen, wird das Herz des Toten gegen die Feder der Maat aufgewogen. Anubis bedient die Waage. Ist sie im Gleichgewicht, hat der Verstorbene ein gutes Leben geführt. Sein Herz wird ihm zurückgegeben und er darf in das Totenreich eintreten. Senkt sich die Waage allerdings auf der Seite des Herzens, wird es von Ammit verschlungen, einem krokodilköpfigen Monster mit Löwenkörper und den Hinterbeinen eines Nilpferds. Dies ist die schlimmste Strafe für den Toten, denn er wird nicht im Jenseits weiterleben.

Im Totenreich

Tagsüber bleibt der Verstorbene in seinem Grab. Seine Seele Ba verlässt ihn unterdessen und besucht seine Familie. Abends steigt der Tote in die Barke des Re und kehrt am Morgen wieder ins Grab zurück, wo er sich stärkt und ausruht. Alle Ägypter streben danach, eines Tages in das Reich des Osiris zu gelangen.

Totenkult

Die Ägypter betreiben einen aufwändigen Totenkult. Sie bringen den Verstorbenen Opfer dar und bitten sie um Fürsprache bei den Göttern.

Briefe an die Verstorbenen

Für die Ägypter sind die Toten immer noch Teil ihres täglichen Lebens und verfügen über eine ungeheure Macht. Sind die Lebenden in Schwierigkeiten, schreiben sie ihren toten Verwandten und bitten sie darum, bei den Göttern Hilfe zu holen. Eine junge Frau beispielsweise wendet sich an ihren verstorbenen Vater, weil sie ein Kind bekommen möchte. Die Briefe werden während des Einbalsamierens zwischen die Leinenbinden gesteckt.

Viel Besuch

Regelmäßig besuchen die Familienmitglieder ihre Toten. Sie betreten die Kapelle am Eingang der Grabstätte und bringen vor der Statue des Verstorbenen Opfergaben dar (1). Die Statue ist in einen Statuenraum namens Serdab eingemauert (2). Für die Lebenden ist sie deshalb nicht sichtbar. Eine kleine Öffnung auf Augenhöhe ermöglicht es dem Toten jedoch, seine Besucher zu sehen. In einfachen Familien wird eine Büste des Toten in einem Schrein im Hauptraum des Hauses aufbewahrt.

Böse Geister

Für die Ägypter ist der Totenkult sehr wichtig, denn sie fürchten sich vor bösen Geistern. Die Vorstellung von umherirrenden Gespenstern oder Kas entsetzt sie.

Die Auslöschung des Namens

Wenn die Geister der Toten die Lebenden heimsuchen, zerstört man alle Spuren: Der Name des Verstorbenen wird ausgelöscht und Bilder von ihm werden vernichtet. So glaubt man die Geister besiegen zu können.

Manchmal stellt man eine einfache Büste des Toten im Haus auf, um seiner regelmäßig zu gedenken.

Von der Mastaba

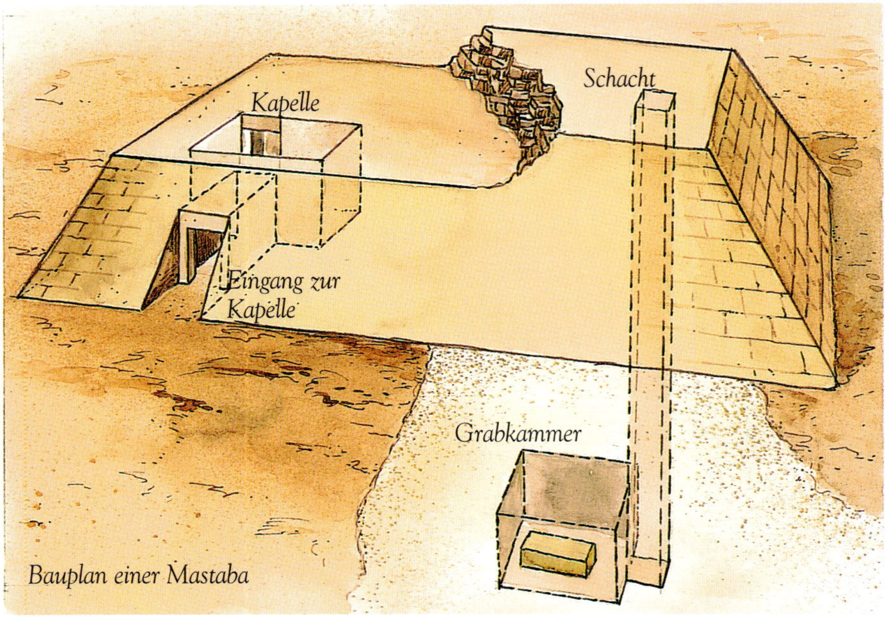

Bauplan einer Mastaba

Für die Grabstätten der ersten Pharaonen werden Schächte in den Boden getrieben. Über dem Grab erhebt sich ein Gebäude aus Lehmziegeln, die so genannte Mastaba. Um 2650 v. Chr. baut der Architekt Imhotep eine Pyramide aus Stein für König Djoser. Mit ihr beginnt die Zeit der Pyramiden …

Die Mastaba

Eine Mastaba aus luftgetrockneten Lehmziegeln wird über der Grabkammer errichtet, in der sich das Grab des Pharaos, der Königin oder der hohen Würdenträger des Pharaos befindet. Die Wände der Innenräume sind mit Reliefs verziert, die Szenen aus dem Leben zeigen. Der Eingang zum Schacht, der zu der Grabkammer führt, wird sorgfältig verborgen, damit die Totenruhe nicht von Grabräubern gestört wird.

Die erste Pyramide

Unter König Djoser, einem Pharao im Alten Reich, hatte der Wesir und Architekt Imhotep den Einfall, sechs abgestufte Mastabas übereinander zu bauen. Um 2650 v. Chr. entsteht auf diese Weise die erste Pyramide in Stufenform. Sie ist 60 m hoch, 121 m lang und 109 m breit. Wie bei den Mastabas liegt die Grabkammer im Boden. Allerdings ist sie nun schon aus Stein erbaut.

Die Pyramide von Snofru

100 Jahre nach Djoser lässt der Pharao Snofru in Meidum

Die einfachen Ägypter haben keine Mastabas. Sie wickeln die Toten in ein Tuch, bedecken sie mit Matten und beerdigen sie im Wüstensand.

zur Pyramide

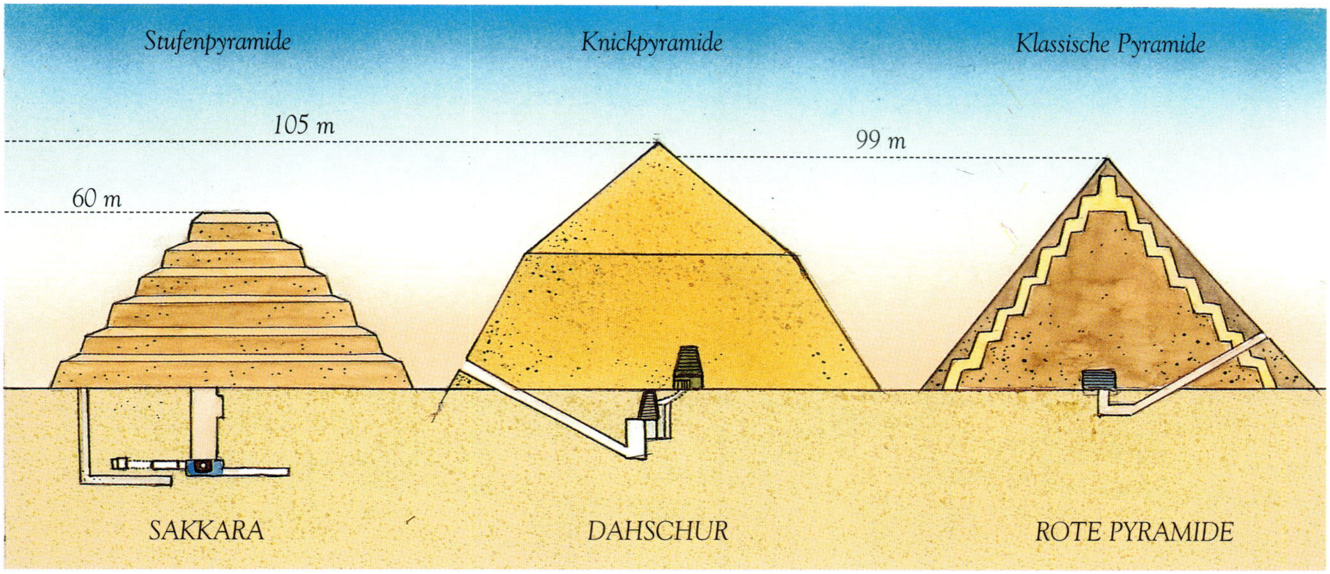

eine richtige Pyramide mit glatten Seiten bauen. Bei diesem ersten Versuch wird zunächst eine Stufenpyramide errichtet, die anschließend mit einer Verkleidung aus Kalkstein überzogen wird. Das Gebäude hat acht Stufen. Der Gipfel liegt in 93,50 m Höhe.

Dahschur

Der Pharao ist mit dem Ergebnis nicht zufrieden. Er ordnet den Bau einer weiteren Pyramide nach einem neuen Plan ohne Stufen an.
Die Bauarbeiten sind bereits in vollem Gange, als die Architekten erkennen, dass ihre Berechnungen nicht stimmen: Das Bauwerk wird zu hoch und zu schwer. Es besteht das Risiko, dass es einstürzt. Der Neigungswinkel wird daher in der Mitte verändert. So entsteht die so genannte Knickpyramide.

Die Neigung der Pyramide von Dahschur wurde während der Bauarbeiten verändert.

Die Rote Pyramide

Snofru will nun eine dritte Pyramide. Die Verkleidung aus Kalkstein ist heute nicht mehr erhalten. Die rötliche Farbe des Gesteins verhalf dem Bau zu dem Namen „Rote Pyramide“. Sie gilt als klassisches Vorbild aller Pyramiden.

Die Pyramiden

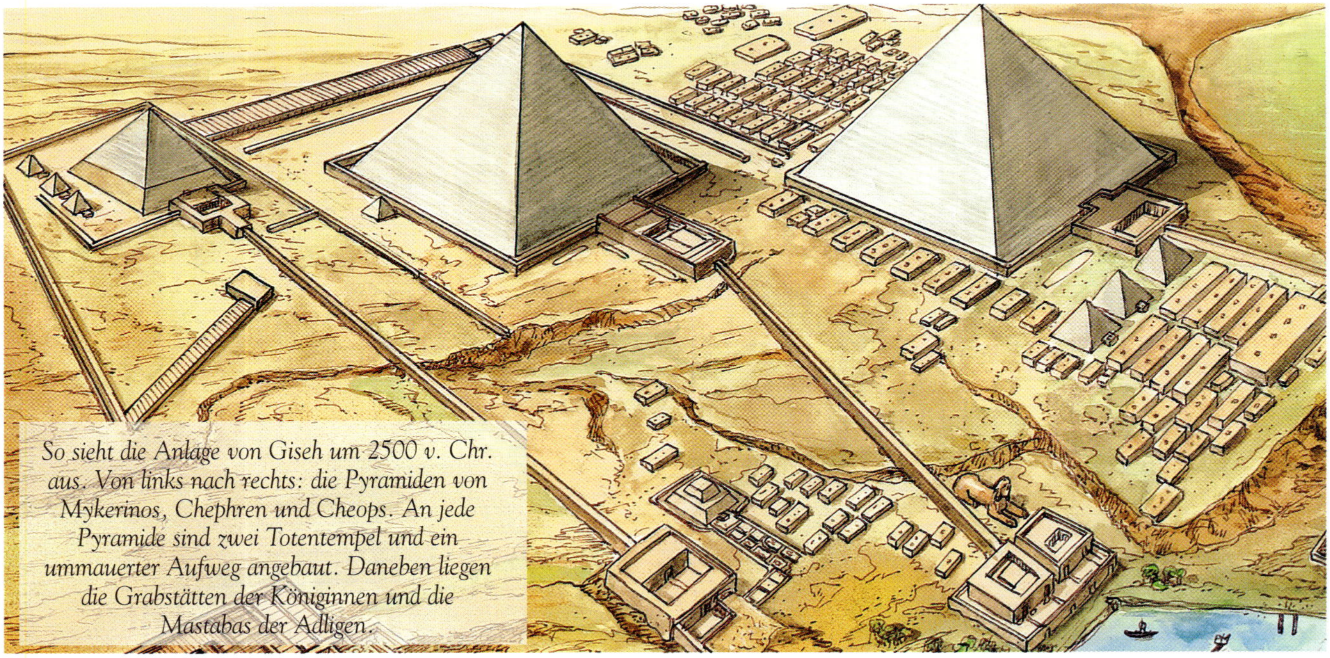

So sieht die Anlage von Giseh um 2500 v. Chr. aus. Von links nach rechts: die Pyramiden von Mykerinos, Chephren und Cheops. An jede Pyramide sind zwei Totentempel und ein ummauerter Aufweg angebaut. Daneben liegen die Grabstätten der Königinnen und die Mastabas der Adligen.

Auf der Hochebene von Giseh, nur wenige Kilometer von Kairo entfernt, erheben sich die drei Pyramiden von König Cheops, seinem Sohn Chephren und seinem Enkel Mykerinos. Am Fuß der Chephrenpyramide wacht die große, aus dem Fels gehauene Sphinx.

Die Cheopspyramide

Cheops, der Sohn des Pharaos Snofru, wählt Giseh als Bauplatz für seine Pyramide. Mit einer Grundkante von 227 m und einer Höhe von 146,60 m ist sie die größte Pyramide, die jemals erbaut wurde. 2,5 Millionen Kubikmeter Stein wurden verbraucht. Die Cheopspyramide zählt zu den sieben Weltwundern und ist das einzige, das heute noch erhalten ist. Die Pyramide wurde um 2500 v. Chr. errichtet und blieb bis ins ausgehende Mittelalter das höchste von Menschen errichtete Bauwerk.

Die Pyramiden von Chephren und Mykerinos

Die Pyramide von Chephren ist nur wenig kleiner als die von Cheops. Sie hat eine Seitenlänge von 215 m und eine Höhe von 143,50 m. Die noch kleinere Pyramide von Mykerinos ist 73 m hoch. Sie bedeckt eine Grundfläche von 102,20 m mal 104,60 m. Die drei Pyramiden sind so angeordnet, dass keine ihren Schatten auf eine andere wirft.

Zwei Totentempel

Die Pyramiden werden an einem Kanal errichtet, der zum Nil führt. Am Ufer des Kanals steht der Taltempel. Die sterblichen Überreste des Königs werden mit einer Barke hierher gebracht, einbalsamiert und mumifiziert. Am Tag der Bestattung wird die Mumie in den an die Pyramide angebauten Toten-

von Giseh

Die große Sphinx zur Zeit der Pharaonen vor 4500 Jahren. Heute fehlt die Nase, die vor 600 Jahren von einer Kanonenkugel der Mamelucken getroffen wurde.

tempel gebracht. Priester vollziehen das Bestattungsritual. Anschließend wird die Mumie des Königs für die Ewigkeit in der Grabkammer der Pyramide eingemauert. Vor der Pyramide vergraben die Ägypter große Holzbarken. Der Legende nach reist der Pharao in ihnen in Begleitung des Sonnengottes Re ins Jenseits. Jeden Tag werden Opfergaben in den Tempel gebracht, um die Seele des Pharaos zu ernähren.

Ein Löwe mit Menschenkopf

Die Sphinx von Giseh ist die größte Sphinx Ägyptens. Die Figur ist 73 m lang und 20 m hoch. Sie wurde unter der Regierung von Chephren aus dem Stein geschlagen. Der Menschenkopf stellt den Pharao mit einem Nemes-Kopftuch dar. Die zum Nil weisende Sphinx verkörpert Kraft und Stärke. Sie bewacht die Chephrenpyramide.

Weitere Gräber

Neben den großen Grabstätten der Pharaonen stehen kleine Pyramiden, in denen die königlichen Gemahlinnen ruhen. Auch einige Mastabas der Adligen und Hohepriester gehören zur Grabanlage.

Warum die Pyramidenform?

Die Stufenpyramide in Form einer riesigen Treppe sollte wahrscheinlich dem Pharao ermöglichen in den Himmel aufzusteigen, um dort den Sonnengott Re zu treffen. Eine andere Vermutung legt nahe, dass die Pyramide den Urhügel symbolisiert, der sich aus Nun erhob, dem Urwasser. Auf ihm erschuf der Gott Re die Welt.

1 - Königskammer
2 - unvollendete Grabkammer, genannt „Königinkammer“
3 - ursprüngliche, unvollendete Grabkammer
4 - Große Galerie
5 - Eingang

Die Großbaustelle

Der Bau einer Pyramide ist ein Unternehmen von unvorstellbaren Ausmaßen. Tausende von Arbeitern, unzählige Tonnen von Stein und viele Jahre harter Arbeit sind nötig. Der Bau der Cheopspyramide soll 30 Jahre gedauert haben.

Wahl des Bauplatzes

Die Pyramiden werden immer auf dem linken Nilufer in Flussnähe errichtet, um die Materialbeschaffung zu erleichtern. Die Architekten, die Priester-Astronomen und die Landvermesser weisen den genauen Bauplatz aus, den die Arbeiter anschließend einebnen.

Steinblöcke aus dem Steinbruch

Die Steine der ersten Reihen müssen ein enormes Gewicht tragen. Sie werden aus Granitsteinbrüchen herausgeschlagen. Es gibt mehrere Techniken: Eine besteht darin, Schlitze in Form des zukünftigen Blocks in den Fels zu klopfen. Anschließend werden trockene Holzkeile hineingeschlagen und mit Wasser übergossen, sodass sie aufquellen und das Gestein sprengen.

Transport der Blöcke

Einige Blöcke wiegen 2,5 t. Sie müssen mit Seilen gezogen, mit Hebeln angehoben und auf Rundhölzern oder Holzschlitten an den Zielort geschleppt werden. Während einige Arbeiter ziehen, schütten andere wahrscheinlich Wasser unter

des Pharaos

den Schlitten, damit er besser gleitet. Die Steinblöcke werden auf dem Wasserweg von den Steinbrüchen zu den Baustellen befördert. Dann zieht man sie auf einer Rampe aus Lehmziegeln zur Pyramide hinauf. Die Rampe wird je nach Bauphase angepasst.

Passgenaue Steinblöcke

Damit die Pyramide möglichst regelmäßig wird, müssen die einzelnen Steinblöcke genau passen. Die Steinmetze messen und bearbeiten die Steine sehr genau und schleifen sie glatt.

Wer sind die Arbeiter?

Auf der Großbaustelle der Cheopspyramide arbeiten zwischen 30 000 und 100 000 Menschen. Die meisten von ihnen sind Fellachen. Während der Überschwemmung, wenn die Feldarbeit ruht, verrichten sie hier ihren Dienst. Die Steinmetze und Kunsthandwerker sind das ganze Jahr über angestellt. Auch Sklaven aus dem Ausland werden zur Arbeit geholt.

Die Verkleidung

Die Pyramiden haben eine glatte Oberfläche. Von der Spitze aus schneiden die Arbeiter die Blöcke zu, während die Vorarbeiter mit einem Winkel die Neigung überprüfen. Mit Sand wird die Oberfläche der Pyramide poliert, sodass sie in der Sonne strahlt.

Vermutlich wurden die Steinblöcke mithilfe von Holzkeilen, die man mit Wasser zum Quellen brachte, aus dem Fels gebrochen.

Grabstätten im

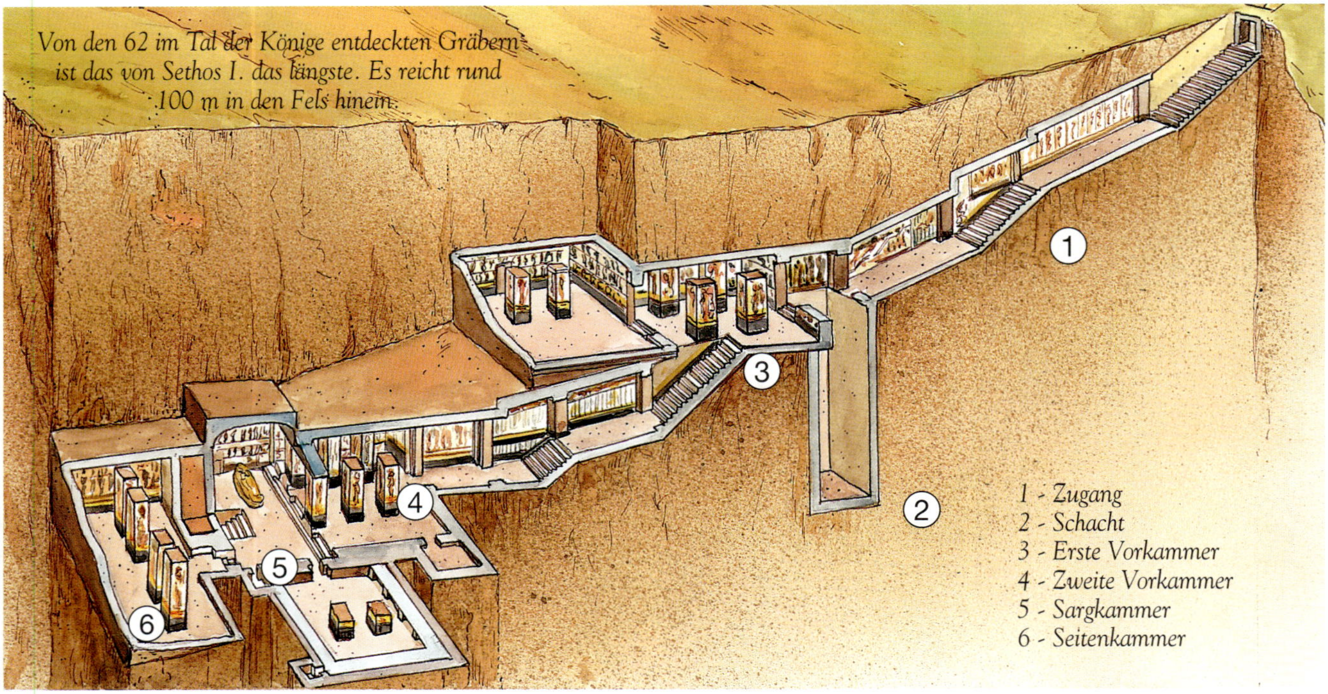

Von den 62 im Tal der Könige entdeckten Gräbern ist das von Sethos I. das längste. Es reicht rund 100 m in den Fels hinein.

Zwischen 1500 und 1000 v. Chr. lassen sich die Pharaonen des Neuen Reiches in einem abgeschiedenen Wüstental bestatten. Hunderte von Arbeitern schlagen Grabstätten für die Könige in den Fels. Die Gräber werden reich ausgeschmückt.

Warum lassen die Pharaonen ihre Gräber in diesem Tal anlegen?

Sie stellten fest, dass trotz aller Vorsichtsmaßnahmen die Pyramiden ihrer Vorgänger nicht ungestört geblieben waren. Grabräuber plünderten die Schätze, die dort lagerten. Um in Frieden ruhen zu können, beschließt Amenophis I., der zweite König des Neuen Reiches, dass seine Grabstätte an einem schwer zugänglichen Ort in der Erde liegen müsse. Für sein Grab wählt er einen Platz in den Bergen gegenüber der Hauptstadt Theben am linken Nilufer.

Unterirdische Königsgräber

Die meisten Grabstätten bestehen aus drei Bereichen: Ein langer Gang führt abwärts zu einer ersten Vorkammer. Ein weiterer, kürzerer Gang endet in einer anderen Vorkammer. Manchmal gibt es noch einen dritten Gang, der in die große Grabkammer mündet. Die von Säulen getragene Kammer befindet sich vor der eigentlichen Sargkammer, der letzten Ruhestätte des Pharaos. Seitlich liegen Kammern, in denen Möbel, die Schätze des Königs und die Lebensmittelvorräte für seine Reise ins Jenseits lagern.

Wie werden die Gräber geschützt?

Im Innern versperrt ein tiefer Schacht im ersten Gang den Weg. Er erfüllt zwei Zwecke:

Tal der Könige

Vor dem Tempel von Amenophis III. stehen zwei 18 m hohe Kolosse, die den Pharao darstellen.

Er fängt das Regenwasser auf, das möglicherweise eindringt, und er verhindert ein Weiterkommen von Grabräubern. Scheintüren und falsche Gänge sollen die Diebe in die Irre führen. Außerhalb der Gräber überwachen Soldaten das Kommen und Gehen im Tal. Leider lassen sich die Grabräuber von diesen Schutzmaßnahmen nicht abhalten. Ab dem Ende des Neuen Reiches werden alle Grabstätten geöffnet und ihre Schätze geplündert. Die Priester von Theben beschließen daher, die königlichen Mumien umzubetten und im ganzen Tal zu verstecken. Nur das Grab des jungen Pharaos Tutanchamun wird 1922 unberührt aufgefunden.

Das Tal der Königinnen und der Adligen

Ganz in der Nähe des Tals der Könige sind in zwei weiteren Tälern Grabstätten angelegt. In einem liegen die Königinnen und Prinzen, im anderen die Adligen und Höflinge des Königs.

Wie huldigt man den toten Pharaonen?

Da die Gräber sorgfältig verschlossen sind, ehrt man die Toten in den Totentempeln der Pharaonen in unmittelbarer Nähe der Berge. Der berühmteste ist der Totentempel der Königin Hatschepsut (siehe S. 32).

Das schönste Königinnengrab ist zweifellos das von Nefertari, der Hauptgemahlin von Ramses II. Die Innenräume sind prachtvoll ausgeschmückt.

Eine Stadt für die Hand

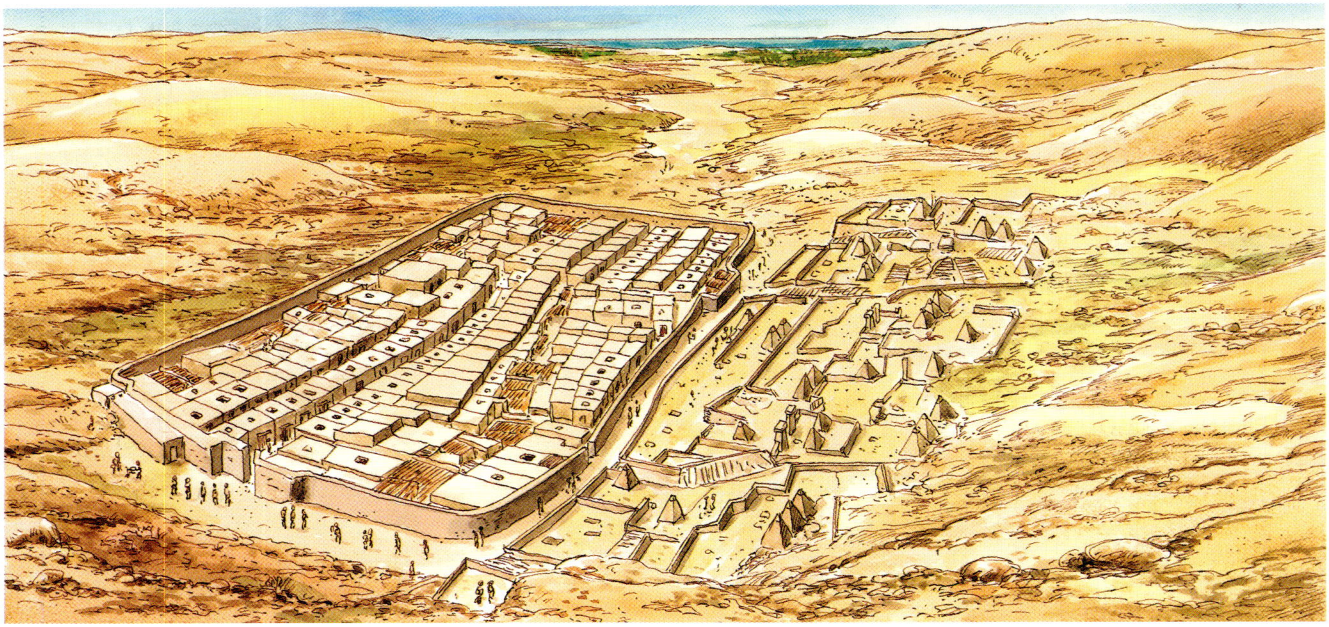

Die Pharaonen des Neuen Reiches lassen für die Handwerker, die an den Grabstätten im Tal der Könige arbeiten, eine Siedlung bauen: Deir el-Medina. In der abgelegenen Ortschaft kümmern sich Diener um die Handwerker und ihre Familien. Es fehlt ihnen an nichts. Sie können sich ganz ihrer Kunst widmen.

Wo liegt die Siedlung?

Sie wird in den Bergen, abseits der Dörfer der Fellachen, errichtet. Das Tal der Könige und das Tal der Königinnen liegen ganz in der Nähe. Eine Mauer aus Lehmziegeln umgibt die Stadt. Die Stadttore werden von Soldaten bewacht. Die Handwerker arbeiten acht Tage und ruhen sich anschließend zwei Tage lang aus. Sie kehren nicht jeden Abend in die Siedlung zurück. Am Ende eines Arbeitstages übernachten sie in Zelten neben dem Grab, an dem sie arbeiten.

Wie sehen die Häuser aus?

Die Häuser sind alle nach dem gleichen Muster gebaut. Die Mauern aus Lehmziegeln sind weiß gestrichen. Es sind längliche Häuser mit drei

Die Arbeitersiedlung Deir el-Medina wird knapp 500 Jahre lang bewohnt. Bis zu 70 Handwerker mit ihren Familien leben und arbeiten dort im Dienst der Pharaonen des Neuen Reiches.

oder vier Räumen. Die größten Häuser werden von den Aufsehern und den Schreibern bewohnt, die den Bau für den Pharao beaufsichtigen. Die ledigen Handwerker wohnen in den kleinsten Häusern. Die Eingangstür ist rot gestrichen, um böse Geister zu vertreiben. Sie führt in einen kleinen Raum. Im zweiten Raum gibt es einen Altar, der den Göttern geweiht ist. Hier können Bänke und Betten stehen. Gekocht wird im

werker des Pharaos

Der Hauseingang liegt direkt an der Straße. Die Häuser der Siedlung haben mehrere Räume, eine Terrasse und einen Keller.

Hinterhof, der von einem Blätterdach überdeckt ist. Eine Treppe führt auf die Dachterrasse. Hier genießen die Bewohner die kühlen Abendstunden und hier schlafen sie auch, wenn es nachts sehr heiß ist.

Wie werden die Handwerker bezahlt?

Sie sind Beamte. Ihr Gehalt wird vom königlichen Schatzamt in Form von Nahrung, Kleidung und Schuhen bezahlt. Am 28. Tag eines jeden Monats erhalten sie Getreide: Weizen für Brot und Gerste für Bier. Alle zehn Tage liefern Träger Salz, Öle, Salben und Parfüme. Jeden Tag gibt es frischen oder gedörrten Fisch, Fleisch, frisches Gemüse, Milch und Bier. An Festtagen lässt der Pharao erlesene Speisen bringen.

Was machen die Diener?

Die Diener bringen die Lebensmittel und das Wasser, das in großen Zisternen aufbewahrt wird. Sie helfen den Handwerkern bei der täglichen Arbeit. Die Schmiede stellen Werkzeug für sie her, die Bäcker backen ihnen Brot, die Wäscher helfen beim Wäschewaschen usw. Auch ein Arzt und eine Heilerin wohnen im Ort.

Gehen die Kinder in die Schule?

Es gibt keine Schule in der Siedlung. Die Handwerker und ihre Frauen unterrichten die Kinder selbst. Alle Mädchen und Jungen lernen schreiben. Die Jungen erlernen das Handwerk ihres Vaters: Grabmaler, Bildhauer oder Goldschmied zum Beispiel. Wenn der Verwalter sie für würdig hält, werden auch sie später an den königlichen Gräbern arbeiten.

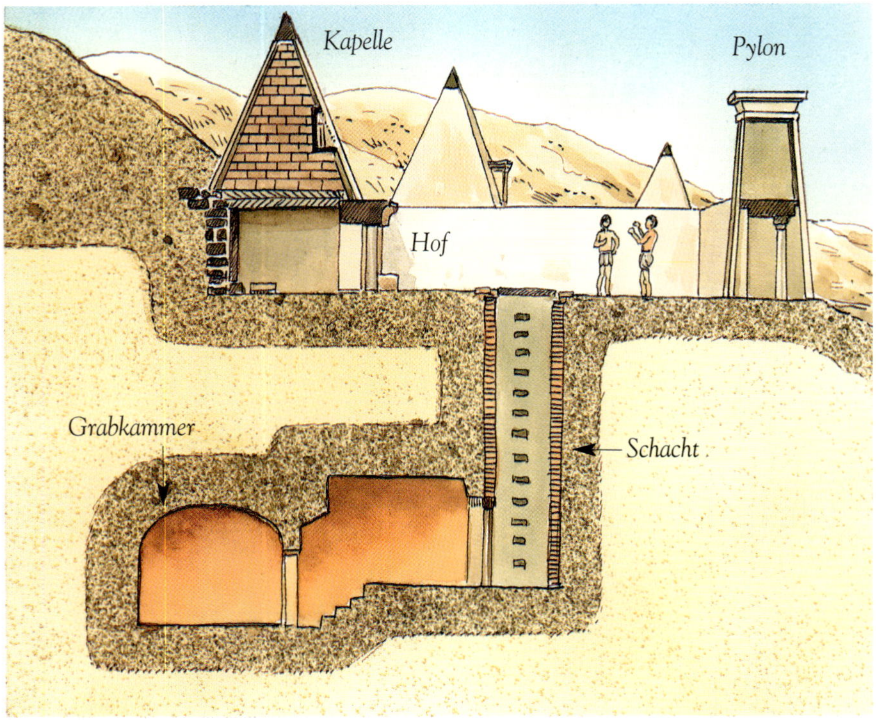

Die Gräber der Handwerker liegen außerhalb der Siedlungsmauern. Sie sind alle nach dem gleichen Muster gebaut.

Gab es jemals einen Streik?

Ja. Es heißt, dass die Handwerker unter der Regierung von Ramses IV. eines Tages die Arbeit niederlegten. Sie erklärten dem königlichen Schreiber, den Vorarbeitern und Aufsehern, dass sie seit über einem Monat keine Lebensmittel mehr erhalten hätten und hungrig seien. Sie würden nicht eher an die Arbeit gehen, als bis sie etwas zu essen bekämen. Dies ist der erste uns bekannte Streik. Er dauerte mehrere Tage, dann wurde ihre Forderung erfüllt. Die Handwerker nahmen die Arbeit wieder auf.

Warum graben die Handwerker ihre eigenen Gräber?

Wie der Pharao glauben auch die Handwerker an das ewige Leben. Nach der Arbeit für den König verwenden sie einen Großteil ihrer Freizeit darauf, ihre eigenen Gräber anzulegen und auszuschmükken. Diese Grabstätten liegen außerhalb der Stadtmauern. Sie sind natürlich viel kleiner als die der Pharaonen. Sie bestehen aus einem Pylon – so nennt man das Eingangstor –, einem Hof und einer pyramidenförmigen Kapelle. Über einen in den Fels gehauenen Schacht gelangt man in die Grabkammer, wo der Sarkophag mit der Mumie des Verstorbenen steht. Manchmal gibt es noch ein oder zwei weitere Kammern. Die Wände sind mit Gips verkleidet und reich ausgeschmückt mit Malereien und Flachreliefs. Die Kunstwerke zeigen den Handwerker, seine Familie und ihre täglichen Arbeiten im Ort und auf der Baustelle des Pharaos.

In den Grabkammern der Handwerker sind auf den Wänden Szenen aus dem Arbeitsalltag dargestellt. Sie liefern den Ägyptologen zahlreiche Hinweise auf die Arbeitsweisen und Werkzeuge der Ägypter.

Wozu dient die Kunst?

Sethos I. und die Göttin Hathor

Die Kunst dient im alten Ägypten dazu, die Verbindung zwischen den Göttern und dem Pharao herzustellen. Für die Ägypter ist die Kunst außerdem ein Begleiter in das Totenreich: Während nur wenige Menschen lesen können, sind die bildlichen Botschaften auf Fresken und Flachreliefs für alle zu verstehen.

Kunst zum Ruhme des Pharaos

In den Tempeln verherrlichen die Künstler den Pharao. Sie geben ihm die Züge eines jungen, schönen und mächtigen Mannes, der ganz allein die Feinde Ägyptens knechten kann. Die Bilder zeigen, wie er den Göttern Opfer darbringt. Die Darstellungen unterstreichen das göttliche Wesen und die absolute Macht des Königs.

Ein Pass für das Totenreich

In den Pyramiden und Grabstätten ist das Totenbuch bildlich wiedergegeben. Wenn die Verstorbenen den Anweisungen auf den Darstellungen folgen, werden sie in das Totenreich von Osiris eingelassen.

Ewiges Leben

Nach ägyptischem Glauben genügt es, Menschen und Dinge darzustellen, um ihnen ewiges Leben zu verleihen. Daher versuchen die Künstler die Züge der Toten und die Einzelheiten aus dem Alltag so getreu wie möglich wiederzugeben. Da sich die Ägypter das Leben im Jenseits so angenehm wie möglich wünschen, verschönern die Künstler die Wirklichkeit. Sie bilden zum Beispiel keine gefährlichen Tiere wie Nilpferde ab. Oder aber sie schränken die bösen Kräfte ein, indem sie den Tieren eine Lanze in die Seite bohren.

Auf dieser Stele (Grabtafel) verehrt ein Schreiber die Götter Horus, Isis und Sched.

Die Regeln

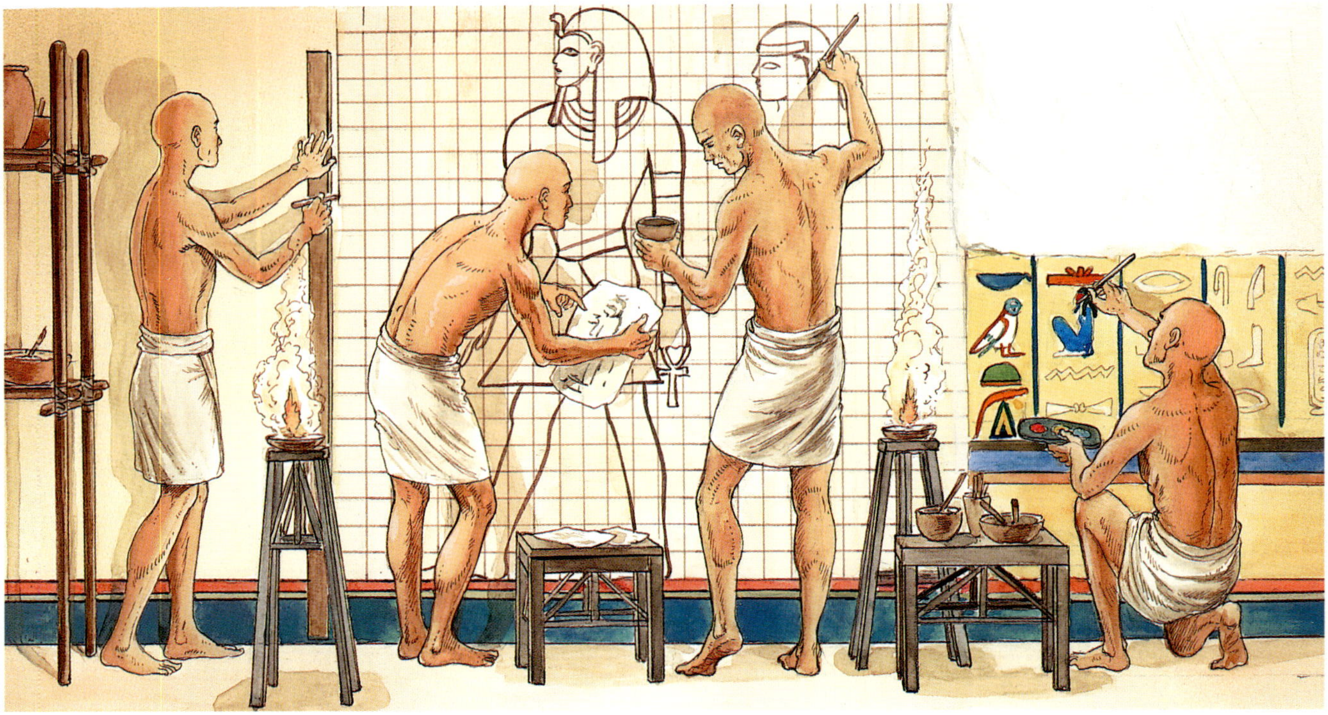

Bei den Fresken gibt es mehrere Arbeitsschritte: Zunächst muss die Wand vorbereitet werden. Anschließend überträgt man die Zeichnung mithilfe von Gitterlinien auf die Wand. Nach dem Auftragen der Farben wird das Fresko mit einem Lack versiegelt.

Die ägyptischen Künstler sind eigentlich Kunsthandwerker. Sie arbeiten in Gruppen und signieren ihre Werke nie. Der Beruf wird vom Vater an den Sohn vererbt. Bei der Arbeit folgen die Künstler genauen Regeln.

Die Regeln

Auf den Flachreliefs und Malereien werden die wichtigsten Personen wie die Pharaonen und die Götter größer als andere dargestellt. Frauen und Kinder sind immer kleiner. Die Menschen werden teils von der Seite, teils von vorn abgebildet: Kopf, Taille und Beine sind meist im Profil gezeichnet, Auge, Schultern und Bauch von vorn.

Grabmalereien

Die Wände einer Grabstätte werden mit einer Mischung aus Schlamm, Ton und gehacktem Stroh begradigt. Sie werden mit Gips verputzt. Nun beginnt die Arbeit der Maler: Sie zeichnen mit roter Tinte ein Gitternetz auf, das ihnen hilft, das Bild von der Skizze auf die Wand zu übertragen.

der Kunst

Diese Technik wird im großen Stil bei den reichen Verzierungen an den Pylonen der Tempel, den Eingangstoren, angewendet.

Materialien
Die Bildhauer arbeiten mit Elfenbein, Glas, Holz und Ton, aber auch mit Metall. Wahre Meisterstücke sind ihre Werke aus Stein. Sie bearbeiten nicht nur weiches Gestein wie Kalk- und Sandstein, sondern auch härtere Steine wie rötlichen oder grauen Granit oder Diorit.

Statuen
Die meisten Statuen sollen von vorne betrachtet werden. Die Arme liegen am Körper an und die Beine sind geschlossen. Aufrechte Statuen stehen mit dem Rücken zu einer Wand. Auf diese Weise wird die Figur stabilisiert. So kann man auch Kolossalstatuen bauen wie zum Beispiel die von Ramses II. vor dem Tempel von Abu Simbel. Mit Kupfermeißeln, Steinschlägeln und Sand zum Polieren der Figuren schaffen die Bildhauer wahre Meisterwerke. Besonders die Gestaltung der Gesichter, der Hände und der Füße zeugt von großem Können.

Farben
Die Maler stellen ihre Farben aus natürlichen Farbstoffen her, die sie mit Wasser und Akazienharz oder Eigelb anmischen. Schwarz gewinnt man aus Holzkohle, Blau aus einem Mineral namens Azurit, Grün aus einem namens Malachit, Rot aus Eisenoxid. Damit die Farben nicht verblassen, überstreichen die Maler das Fresko mit einem Lack aus Baumharz.

Flachreliefs
Wie die Grabmaler verwenden auch die Bildhauer Gitterlinien für die Vergrößerung ihrer Skizzen. Bei Flachreliefs gibt es zwei Techniken. Manchmal werden die Konturen der Motive herausgearbeitet. Bei Steinarbeiten meißeln die Bildhauer die Umrisse der Motive meist in die Tiefe, sodass die so genannten versenkten Reliefs entstehen.

Kunst im Wandel

Im Alten und Mittleren Reich
Im Verlauf der ersten beiden Blütezeiten der ägyptischen Geschichte verleihen die Künstler den Pharaonen und wichtigen Persönlichkeiten einen strengen Ausdruck. Ihre Haltung wirkt oft steif, die Augen blicken starr und ein Lächeln ist selten. Die auf den Flachreliefs der Gräber dargestellten Menschen aus dem Volk wirken ebenfalls sehr ernst.

Im Neuen Reich
In dieser Periode werden die Künstler von den Werken beeinflusst, die aus eroberten Gebieten, vor allem aus dem Zweistromland, nach Ägypten gelangen. Die Pharaonen werden nun menschlicher dargestellt. Das schönste

Links sieht man eine Statue aus dem Alten Reich in sehr strengem Stil. Die Figuren auf dem Thron Tutanchamuns (rechts oben) wirken viel lebendiger. Das Bild darunter zeigt eine Szene mit Echnaton und seiner Familie.

Auf den ersten Blick ist es schwierig, die einzelnen Epochen der ägyptischen Kunst zu unterscheiden. Dennoch brachten die Künstler über die Jahrhunderte neue Elemente ein, die in ihren Fresken und Skulpturen sichtbar werden. Der grundlegende Stil bleibt erhalten, doch in der Gestaltung der Personen zum Beispiel gibt es im Laufe der Zeit deutliche Veränderungen. Grund dafür sind Einflüsse aus den Nachbarländern.

der Zeit

Das Fresko aus dem Neuen Reich ist ein Beispiel für den Wandel in der Abbildung von Personen. Die Männer links sind noch recht steif dargestellt, während die Klageweiber viel lebendigere Körper haben. Sie sind mit runden Linien gezeichnet.

Beispiel hierfür ist das Flachrelief auf dem Thronsessel von Tutanchamun. Auch die Figuren auf den Grabmälern im Tal der Könige werden lebendiger dargestellt. Man sieht sie beim Tanz und Musizieren.

Die Revolution unter Echnaton

Unter Echnaton kam es zu einer religiösen Erneuerung (siehe S. 34) und zu einem neuen Kunststil. Man spricht von der Amarna-Zeit, in Anlehnung an die neue Hauptstadt Amarna. In der Amarna-Zeit bestimmen längliche Körperformen die Abbildungen. Viele Bilder zeigen den König, die Königin und ihre Kinder in zärtlichem Umgang miteinander. Solche privaten Darstellungen waren vorher nie zu sehen. Doch die nachfolgenden Pharaonen kehren wieder zum klassischen Stil zurück.

Freiheit der Kunsthandwerker

In ihren eigenen Gräbern bilden sich die Kunsthandwerker ohne falsche Schönheit ab: manchmal sogar unrasiert und ungekämmt.

Die Spätzeit

Die ausländischen Pharaonen versuchen ihre Stilrichtungen durchzusetzen, jedoch ohne anhaltenden Erfolg. Das große Wissen der Kunsthandwerker geht nach und nach verloren. Beliebt werden Würfelhocker – Statuen auf Würfeln –, die viel Platz für lange Texte bieten.

Die griechische Zeit

Zur Zeit der griechischen Pharaonen lassen die Künstler auch griechische Elemente in ihre Werke einfließen. An den Statuen werden zum Beispiel die Muskeln und Beinformen wesentlich stärker herausgearbeitet als zuvor.

Ein typischer Würfelhocker

Hieroglyphen – mit

Wie entziffert man ein Zeichen?
Damit man unterscheiden kann, ob ein Zeichen als Laut oder als Wort zu lesen ist, setzen die Schreiber einen kleinen Strich neben das Zeichen: Es zeigt an, dass die Hieroglyphe der Ente zum Beispiel das Wort Ente bedeutet. Wenn der Strich fehlt, steht das Zeichen für einen Laut. Es gibt aber eine weitere Schwierigkeit, denn das Zeichen der Ente in Verbindung mit einem anderen Zeichen kann den Sinn völlig verändern (siehe links das Wort Tochter).

Die Ägypter haben die Schrift nicht erfunden. Sie entstand um 3300 v. Chr. im Zweistromland, östlich von Ägypten. Die ägyptischen Hieroglyphen tauchen etwas später, um 3100 v. Chr., auf.

Bilder aus dem Alltag

Die ägyptische Schrift besteht aus bildhaften Zeichen, den so genannten Hieroglyphen. Jedes Bildzeichen stellt Dinge aus dem täglichen Leben dar: einen Mann, ein Auge, eine Ente, ein Schilfrohr u.a. Im Alten Reich verwendet man ungefähr 750 verschiedene Zeichen. Im Lauf der Jahrhunderte fügen die Schreiber noch weitere hinzu. Zur Zeit Kleopatras gibt es insgesamt 2500 Schriftzeichen!

Das Lesen

Die ägyptische Schrift ist schwierig zu lesen, denn die Hieroglyphen stehen für einen Sinn und gleichzeitig für einen Laut. Das Bild einer Ente zum Beispiel kann das Wort Ente bedeuten oder auch den Laut, der zusammen mit einem anderen Laut zu einem neuen Wort wird. Das Bild der Ente kann aber auch Teil eines feststehenden Ausdrucks sein.

Bildzeichen schreiben

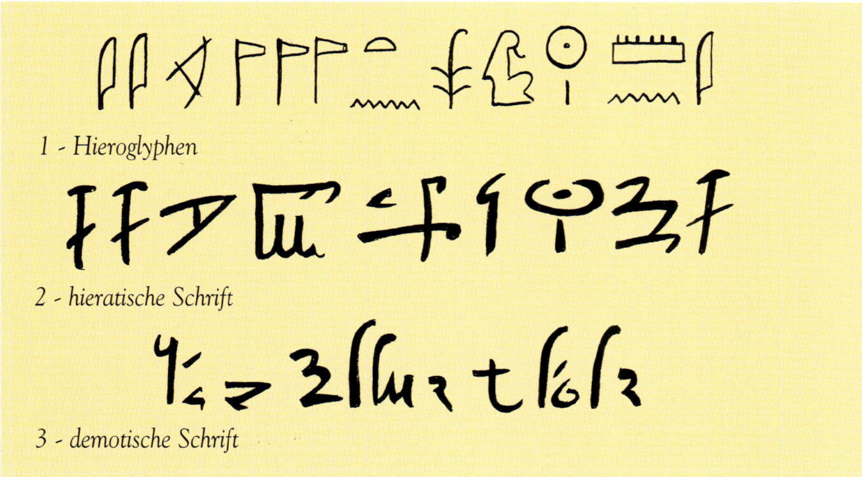

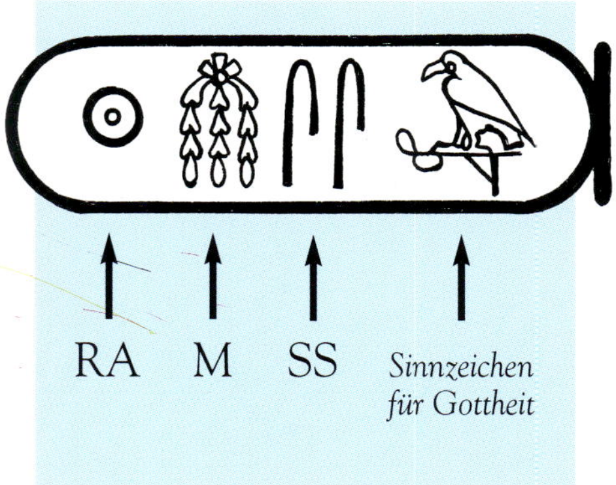

So entziffert man die Kartusche von Ramses II.

Leserichtung
Die Schrift wird von links nach rechts gelesen und geschrieben oder aber auch von rechts nach links oder sogar von oben nach unten. Wenn man die Leserichtung herausfinden will, muss man darauf achten, wie die Bildzeichen geschrieben sind (siehe Abbildung unten rechts).

Heilige Schrift
Der Gott Thot brachte einst die Schrift zu den Menschen, so glauben die Ägypter. Die Hieroglyphen sind daher heilige Zeichen. Sie dürfen nur für religiöse Texte und für Grab- oder Tempelinschriften verwendet werden.

Hieratisch
Im Alltag, in der Verwaltung und in der Buchführung benutzen die Schreiber die hieratische Schrift. In dieser weniger anspruchsvollen Schrift sind die Hieroglyphen durch vereinfachte und schneller zu schreibende Zeichen ersetzt. Viele Schreiber lernen und verwenden ausschließlich die hieratische Schrift.

Einfluss des griechischen Alphabets
Im Lauf der Zeit wird die hieratische Schrift weiter vereinfacht und es entwickelt sich die demotische Schrift. Um 630 v. Chr., als die Griechen sich in Ägypten niederlassen, schaffen die Schreiber nach und nach eine neue Schrift, die sich aus den ägyptischen Zeichen und den griechischen Buchstaben zusammensetzt: das Koptische. Kenntnisse dieser Sprache helfen später dem Ägyptologen Champollion die Hieroglyphen zu entschlüsseln.

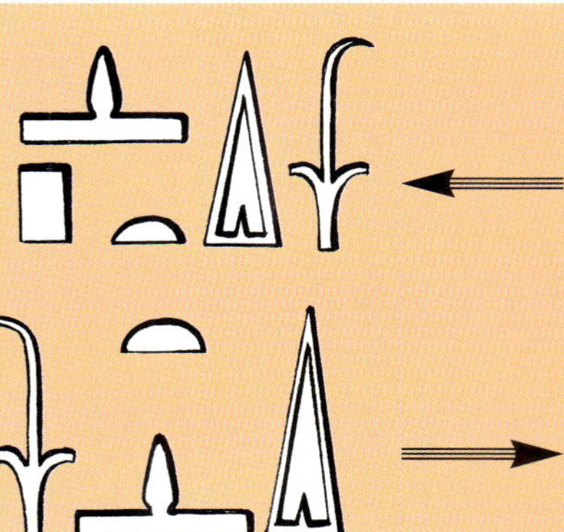

Leserichtung

Das Schilfrohr zeigt nach rechts: Man liest von rechts nach links.

Das Schilfrohr zeigt nach links: Man liest von links nach rechts.

Die Schreiber

Lesen und schreiben lernen dauert im alten Ägypten vier bis fünf Jahre, denn die Hieroglyphen sind eine schwierige Schrift.

Wie wird man Schreiber?
Normalerweise werden die Söhne von Schreibern ebenfalls Schreiber. Der Unterricht beginnt im Alter von neun Jahren. Im Palast des Pharaos ist die beste Schule. Sie wird von den Kindern des königlichen Hofes besucht. Daneben gibt es noch zahlreiche Tempelschulen.

Strenge Ausbildung
Nur wenige Kinder dürfen den Unterricht besuchen. Die Schüler lernen lesen und schreiben Texte ab, zum Beispiel Erzählungen. Regelmäßig macht der Lehrer Diktate. Die Schulmeister sind streng und teilen auch Stockschläge aus.

Worauf schreibt man?
Papyrusbogen sind teuer. Sie werden nur für wichtige Dokumente oder heilige Bücher verwendet.

In der Schule und für Notizen nimmt man Tonscherben oder Kalksteinstücke. Es werden auch mit Gips bestrichene Holztafeln beschrieben.

Tinte
Die schwarze Tinte wird aus Ruß gemacht, die rote Tinte aus Ocker, einer lehmigen Erde. Der Schreiber löst diese Stoffe vor dem Schreiben in etwas Wasser auf.

Schreibwerkzeug
Das wichtigste Schreibwerkzeug ist der Calamus, eine Binse mit zerkautem Ende. Zum Beschreiben der Tempelmauern oder der Grabwände verwenden die Schreiber Bürsten und Pinsel, die sie aus fest zusammengebundenen Papyrusschnüren fertigen.

Entschlüsselung der Hieroglyphen

© Foto: Bridgeman-Giraudon

Auf dem Stein von Rosetta steht ein und derselbe Text dreimal: in Hieroglyphen, in demotischer und griechischer Schrift. Durch den Vergleich der Schriften konnte der Ägyptologe Champollion die Hieroglyphen entschlüsseln.

Um 400 n. Chr. werden die Tempel geschlossen. Die Priester sterben aus. Es gibt niemanden mehr, der die heilige Schrift der Ägypter lesen kann. Erst 1500 Jahre später lässt die Entdeckung des Steins von Rosetta Hoffnung aufkommen.

Zwei Sprachen und drei Schriften

Der Rosetta-Stein ist nach seinem Fundort Rosetta im Nildelta benannt. Auf der Stele ist eine Verordnung aus der Regierungszeit von Ptolemaios V. festgehalten. Der Text ist in zwei Sprachen, Ägyptisch und Griechisch, abgefasst und in drei Schriften geschrieben: Hieroglyphen, Demotisch und Griechisch.

Champollion und die Entschlüsselung

Der Franzose Jean-François Champollion (1790-1832) lernt bereits in jungen Jahren zahlreiche Sprachen, darunter Koptisch, das die ägyptischen Christen sprechen. Er entdeckt seine Leidenschaft für Ägypten und studiert den Stein von Rosetta. Er kann zwei der drei Texte entziffern, doch ihm fehlt noch der Schlüssel zum Verständnis der Hieroglyphen.

Ramses II. hilft

Eine königliche Kartusche von Ramses II. liefert Champollion den nötigen Hinweis. Er versteht, dass die Hieroglyphen als Symbol und als Laut verwendet werden. Innerhalb kürzester Zeit entschlüsselt er zahlreiche Texte.

Wissenschaft im

Wasseruhr

ägyptische Sonnenuhr

Die Schreiber in der ägyptischen Verwaltung können auch die Zeit sowie Längen und Gewichte messen. Ihre mathematischen Kenntnisse ermöglichen ihnen komplizierte Berechnungen.

Ein Jahr mit 365 Tagen
Die meisten Zivilisationen der Antike haben einen Kalender, der auf dem Mondzyklus beruht. Ein Jahr hat in diesem Fall 354 Tage. Die Ägypter richten ihren Kalender nach dem Sonnenjahr aus. Das Jahr beginnt am 19. Juli und hat 365 Tage. Es wird in zwölf Monate von je 30 Tagen unterteilt, das sind insgesamt 360 Tage. Während der letzten fünf Tage veranstaltet man große Feierlichkeiten zu Ehren von Osiris, Horus, Seth, Isis und Nephthys. Unser heutiger Kalender geht auf den Kalender der Ägypter zurück.

Sonnenuhr und Wasseruhr
Die Ägypter erfinden zwei Instrumente zum Messen der Zeit: die Sonnenuhr und die Wasseruhr. Die Sonnenuhr besteht aus einem Querholz, das im rechten Winkel über einem Holzbalken mit Mess-Skala angebracht ist. Bis Mittag wirft das Holz längere Schatten, danach wieder kürzere. Die Zeit kann man ganz einfach an der Skala ablesen. Die Wasseruhr ist ein geeichtes Gefäß, das am

Im ägyptischen Zahlensystem gibt es keine Null. Jede Einheit wird mit einem bestimmten Zeichen ausgedrückt. Indem man die Zeichen hintereinander setzt, erhält man die Zahl. Die Zahl 314 schreibt man in ägyptischen Zeichen mit 3 Schnörkeln (3 x 100) 1 Bogen (1 x 10) und 4 Strichen (4 x 1).

alten Ägypten

aller Längenangaben ist die königliche Elle (52,4 cm), die sich unterteilt in sieben Handbreit zu je vier Fingern. Das Gewicht wird mit Stein- oder Metallgewichten ermittelt. Die Gewichtstücke entsprechen zum Beispiel dem Gewicht eines Stierkopfes oder einer Gazelle. Sie werden mit der Kartusche des regierenden Pharaos versehen.

Himmelsbeobachtungen

Die Ägypter beobachten den Himmel genau. Sie erkennen eine Vielzahl von Sternen wie den Polarstern und Sternbilder wie den Großen und den Kleinen Bär. Sie unterscheiden auch die mit bloßem Auge sichtbaren Planeten wie Merkur, Venus, Mars, Jupiter und Saturn. Natürlich kennen die Ägypter auch Sonnen- und Mondfinsternisse. Man weiß jedoch nicht, ob sie diese Phänomene erklären konnten und ob sie im Stande waren die nächste Finsternis im Voraus zu berechnen.

Boden einen Ausfluss hat. Das Wasser fließt nach und nach in ein anderes Gefäß. Die Zeit erkennt man am Wasserstand im Innern. Diese Uhr hat den Vorteil, dass sie tagsüber und nachts funktioniert.

Zahlen

Die Zahlen werden mit Zeichen geschrieben: ein Strich für eine Einheit, ein Bogen für zehn, ein Schnörkel für hundert, eine Lotosblume für tausend, ein Daumen für zehntausend, eine Kaulquappe für hunderttausend, ein sitzender Mensch mit erhobenen Händen und einer Feder auf dem Kopf für eine Million. Es gibt keine Null.

Maße und Gewichte

Als Längeneinheiten verwendet man menschliche Körpermaße. Grundmaß

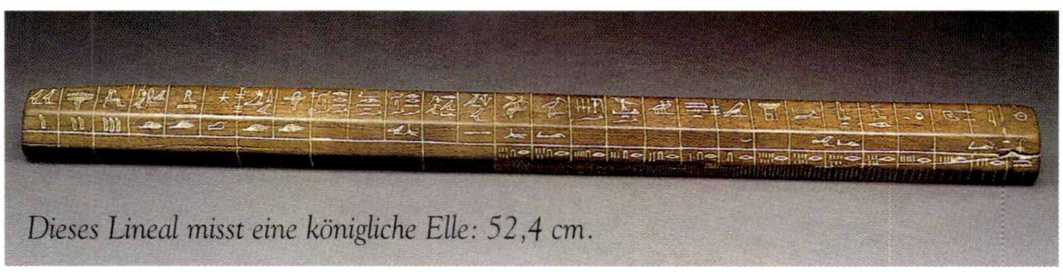

Dieses Lineal misst eine königliche Elle: 52,4 cm.

Medizin

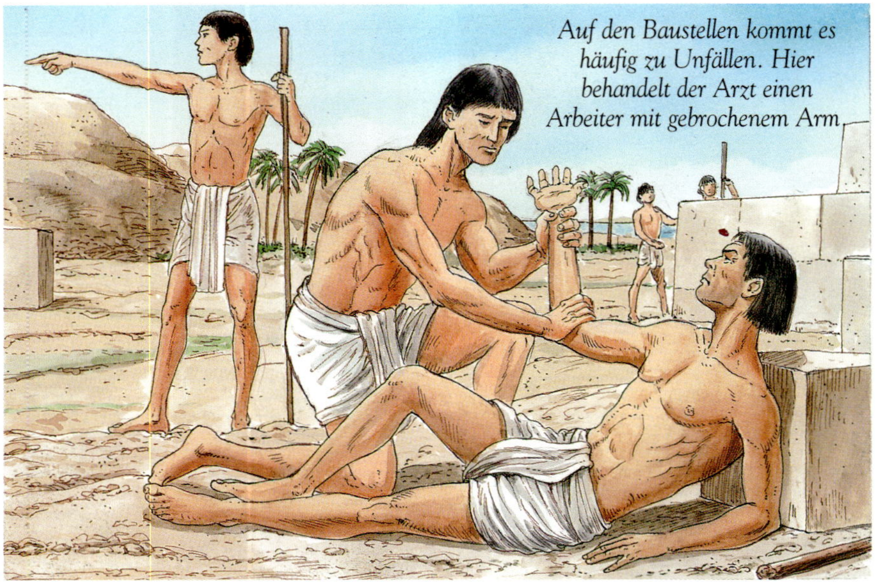

Auf den Baustellen kommt es häufig zu Unfällen. Hier behandelt der Arzt einen Arbeiter mit gebrochenem Arm

Die ägyptischen Ärzte, besonders die Chirurgen, sind für ihre Heilkunst weit über die Grenzen hinaus berühmt. Doch viele Funktionsweisen des menschlichen Körpers sind auch ihnen noch unbekannt. Die Magie spielt in der Heilkunst eine große Rolle. Die Menschen auf dem Land wenden sich an Heiler.

Lebenserwartung

Ein Mann wird im Durchschnitt 38 Jahre alt, eine Frau weniger, da viele Frauen bei der Entbindung ihrer Kinder sterben.

Die Kindersterblichkeit ist sehr hoch, da schon einfache Krankheiten zum Tod führen können.

Ärzte

Schreiber oder Priester können zugleich Ärzte sein. Häufig lernen sie den Beruf vom Vater. Sie genießen in der Gesellschaft hohes Ansehen. Bevor sie als Arzt arbeiten, besuchen sie die Schule im Palast oder in den Tempeln und studieren dort die alten Texte. Wie heute gibt es Allgemeinärzte und Spezialisten wie Chirurgen, Zahnärzte oder Augenärzte.

Häufige Krankheiten

Untersuchungen an Mumien ergaben, dass viele Ägypter an Gelenkerkrankungen und an Schäden der Wirbelsäule litten. Die im Wasser enthaltenen Erreger waren ebenfalls für zahlreiche Krankheiten verantwortlich. Sand, Staub und mangelnde Hygiene riefen zum Teil schwere Erkrankungen der Atemwege hervor.

Warum wird man krank?

Nach ägyptischem Glauben werden Krankheiten von bösen Geistern hervorgerufen. Doch die alten Ägypter machen auch schon unmäßige Ernährung für Krankheiten

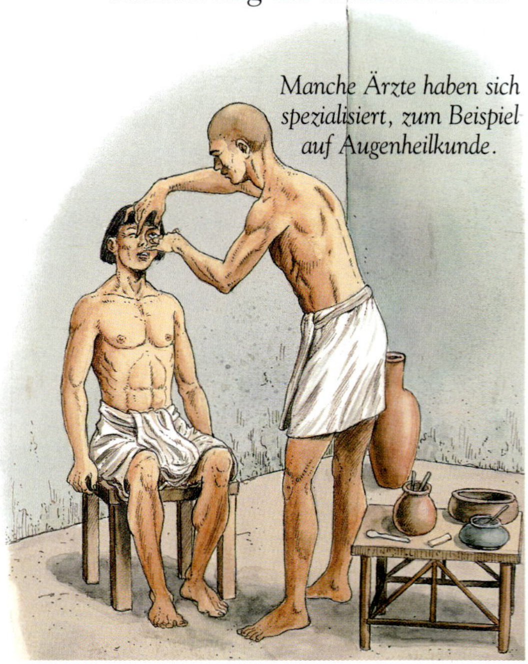

Manche Ärzte haben sich spezialisiert, zum Beispiel auf Augenheilkunde.

und Magie

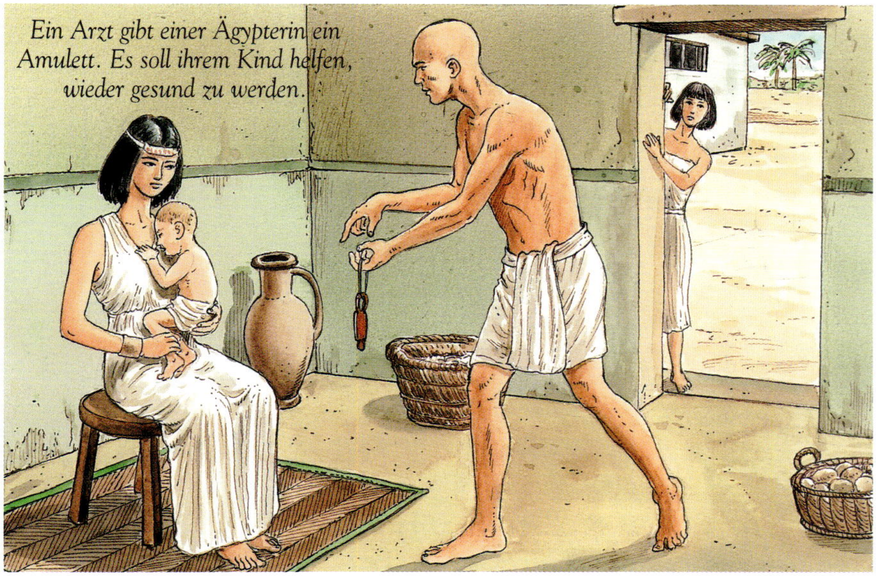
Ein Arzt gibt einer Ägypterin ein Amulett. Es soll ihrem Kind helfen, wieder gesund zu werden.

verantwortlich: Ihrer Meinung nach verstopft sie die Kanäle, die den Körper versorgen.

Die Kenntnisse des menschlichen Körpers
Die Ägypter wissen wenig über die Funktionen der wichtigsten Organe, der Muskeln, der Nerven oder des Gehirns. Sie glauben, dass das Herz das wichtigste Organ ist, und dass die Tränen, der Urin, das Blut und die Luft im Körper in den gleichen Gefäßen transportiert werden.

Welche Krankheiten kann man heilen?
Die ägyptischen Ärzte behandeln Verletzungen und Abszesse und schließen offene Wunden. Die Chirurgen renken gebrochene Knochen ein und die Zahnärzte entfernen Karies und können sogar Zahnersatz herstellen.

Heilmittel
Es gibt viele pflanzliche Heilmittel wie zum Beispiel Feige, Papyrus, Mohn und Weizen. Sie werden mit Honig, Salz, Blut oder auch Tierexkrementen vermischt und dann als Salbe, Sirup oder Pille verabreicht.

Magie
Wenn der Arzt ein Leiden nicht heilen kann oder wenn er seine Behandlung bekräftigen will, spricht er magische Formeln vor dem Patienten. Zur Abwehr von Krankheiten oder zu ihrer Bekämpfung tragen die Ägypter Amulette.

Es gibt viele verschiedene Amulette, die von den Ägyptern als Schmuck getragen werden.

Lebenszeichen

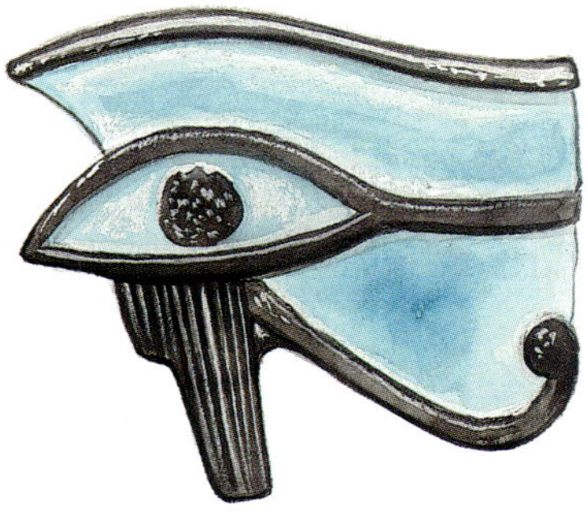
Das Auge des Horus

Skarabäus

Einige Erfindungen

Der ägyptischen Hochkultur verdanken wir einige wichtige Erfindungen. Dazu gehören der hölzerne Pflug, die Holzsäge und auch der Spiegel.

Pflug mit Zugtieren

Lange Zeit vor den ersten Pharaonen verwenden die Bauern im Niltal bereits einen im Feuer gehärteten Holzpflug zum Bestellen der Felder. Später kommt eine zweite Neuerung hinzu: Sie spannen Zugtiere vor diesen frühen Pflug.

Senklot

Das Senklot ist ein sehr einfaches Werkzeug. Es besteht aus einem Gewicht, das an einer Schnur von einem Holzstück hängt. Vor allem auf den großen Baustellen ist das Lot unersetzlich: Mit ihm kann man überprüfen, ob eine Mauer gerade ist. Den ägyptischen Baumeistern ist es eine große Hilfe.

Metallsäge

Die Sägen aus Kupfer oder Bronze haben ähnliche Zähne wie die Werkzeuge aus Feuerstein. Sie werden zum Sägen und Schneiden von Holz und weichem Kalkstein verwendet. Erst 1500 Jahre später tauchen die ersten Sägeblätter aus Eisen auf. Sie sind wesentlich härter.

Bohrer

Der Bohrer ist ein Schreinerwerkzeug. Er wurde von den Ägyptern erfunden, um Löcher in Holz oder in weiche Steine zu bohren. Das Gerät besteht aus einer Bohrspitze und einer Triebstange. Mit einer Hand hält der Schreiner den Bohrer, mit der anderen bewegt er die Stange vor

der Ägypter

und zurück und treibt damit die Kupferspitze an, die sich beim Drehen ins Holz bohrt.

Kupferspiegel
Die ägyptischen Frauen benutzen bereits Spiegel, um sich zu schminken oder den Sitz der Perücke zu überprüfen. Die damaligen Spiegel sind aus poliertem Kupfer. Leider sind sie sehr teuer und nur der Adel kann sie sich leisten. In Gräbern wurden sehr kunstvolle Spiegel gefunden.

Waage
Sie ist auf allen Abbildungen des Totengerichts zu sehen, denn auf ihr wird das Herz des Verstorbenen gewogen. Im Handel spielt sie eine wichtige Rolle. Ein beweglicher Balken wird im Gleichgewicht über einem Fuß befestigt. An beiden Enden hängt eine Waagschale. Zum Abwiegen nimmt man Gewichte aus Stein oder Metall.

Glas
Auch die Erfindung von Glas wird den Ägyptern zugeschrieben. Aus einer Mischung aus Sand, mineralischem Soda und Kalk gewinnen sie Glaspaste. Zum Färben fügen sie Metalloxide hinzu. Die Mischung wird geschmolzen, doch die Hitze ist nicht ausreichend, um das Glas durchsichtig zu machen. Die Kunsthandwerker formen die Masse wie Lehm und machen daraus Vasen, Töpfe, Perlen und Amulette. Erst während der Regierungszeit der letzten Pharaonen lernen die Ägypter, wie man Glas bläst.

Holzschiff mit Segel
Holzboote sind schon lange vor den Ägyptern bekannt, doch vermutlich wird in Ägypten das Segelschiff erfunden. Schon früh fertigen die Schiffsbauer solide Schiffsrümpfe aus Holz, indem sie die Bretter gekonnt zuschneiden und zusammensetzen. Das Schiff, das dem Pharao Cheops im Alten Reich als Grabbeigabe mitgegeben wird, besteht zum Beispiel aus über 1200 Bauteilen. Es ist 42 m lang und 5 m breit. Die geschickten ägyptischen Weber stellen feste Taue und große Segel her, mit deren Hilfe die Ägypter die Windkraft nutzen können.

Die Wiederent

Napoleon unternimmt 1798 eine Expedition nach Ägypten. Ihn begleiten 150 Wissenschaftler, die die historischen Schätze des Landes begutachten. Die Monumente werden verzeichnet, ausgemessen und skizziert.

Im 18. Jahrhundert stoßen europäische Reisende in das Landesinnere von Ägypten vor und entdecken die Wunder aus der Zeit der Pharaonen. Die seit 1500 Jahren in Vergessenheit geratene Hochkultur rückt plötzlich in den Mittelpunkt des Interesses.

Ägypten kommt in Mode

Ab Anfang des 18. Jahrhunderts besuchen mehrere europäische Reisende Ägypten. Sie fahren den Nil hinauf, entdecken die Pyramiden von Giseh, die Tempel von Karnak in Luxor, wo die ehemalige Hauptstadt Theben lag, und den Tempel von Ramses II. in Abu Simbel. Ihre Reiseberichte und die mitgebrachten Souvenirs wecken große Neugierde. Das alte Ägypten kommt in Mode.

Napoleons Soldaten und Wissenschaftler

Im Jahr 1798 landet der französische General Napoleon Bonaparte in Ägypten. Mit einer Armee von 38 000 Mann will er das Land erobern, um den reichen englischen Kaufleuten den Weg nach Indien abzuschneiden. Der junge General nimmt über 150 Wissenschaftler und Künstler mit nach Ägypten. Sie bereisen das ganze Land, studieren die Architektur, zeichnen die Monumente, kopieren die Skulpturen und die Hieroglyphen und erstellen Karten. Ihre Berichte und Erkenntnisse steigern noch zusätzlich das Interesse der Öffentlichkeit am alten Ägypten.

Geburt der Ägyptologie

Der militärische Feldzug Napoleons schlägt fehl. Die englische Flotte zerstört die französische, sodass die französischen Soldaten vom Heimatland abgeschnitten sind. Doch die wissenschaftliche Expedition ist ein voller Erfolg. Die französischen Wissenschaftler und Künstler sammeln ihre Erkenntnisse in einem umfangreichen enzyklopädischen Werk mit dem Titel *Description de l'Egypte* (Beschreibung Ägyptens). Das Buch umfasst

deckung Ägyptens

Im 19. Jahrhundert sind viele der wieder entdeckten Stätten teilweise im Sand begraben.

Freilegung der Stätten

Zu Beginn des 19. Jahrhunderts bedeckt der Wüstensand einen Großteil der ägyptischen Monumente. Die große Sphinx von Giseh und die Tempel von Luxor, Edfu oder Abu Simbel sind halb im Sand begraben. Zunächst werden die Stätten freigelegt. Glücklicherweise trug der Sand auch dazu bei, dass sich die Bauten bis heute so gut erhalten haben.

20 Bände und ist noch heute ein wichtiges Werk für die Ägyptologen. Napoleon eröffnet ein Institut in Kairo, wo die Wissenschaftler alle Entdeckungen zusammentragen. Die Ägyptologie, eine neue Wissenschaft, ist geboren. Doch noch bleibt der größte Teil der Geschichte im Dunkeln, denn niemand kann die Hieroglyphen entziffern.

Champollion findet den Schlüssel

Der Stein von Rosetta ermöglicht dem Franzosen Champollion im Jahr 1822 die Hieroglyphen zu entschlüsseln (siehe S. 111). Wissenschaftler und Abenteurer strömen aus Europa und später auch Amerika nach Ägypten, um Ausgrabungen zu machen. Leider sind viele von ihnen nur auf das schnelle Geld aus und schaffen alles aus dem Land, das von Wert sein könnte.

Howard Carter entdeckt 1922 das Grab von Tutanchamun. Es wurde bis dahin nicht geöffnet und enthält ungeheuerliche Schätze. Mehrere tausend Grabbeigaben werden gefunden.

eine Ausgrabungsstätte

Der Schatz des Tutanchamun

Im Jahr 1922 ist Ägypten wiederum in aller Munde, als der Brite Howard Carter auf das unberührte Grab des Tutanchamun stößt und unsagbar reiche Schätze zu Tage fördert (siehe S. 35). Glücklicherweise sind alle Möbel und Grabbeigaben in Ägypten geblieben, wo sie im Museum in Kairo bestaunt werden können.

Modernste Techniken

In ganz Ägypten werden heute Ausgrabungen gemacht. Die Archäologen ergreifen viele verschiedene Vorsichtsmaßnahmen, um die Altertümer nicht zu zerstören. Neuentdeckte Särge mit Mumien werden zum Beispiel nicht mehr geöffnet. Mit einem Computertomographen untersucht man die Mumien. Das Gerät erkennt die Krankheiten, an denen die Ägypter litten. Die Magnetresonanztechnik kann Hinweise liefern, was sich hinter einer Tür verbirgt, ohne dass sie geöffnet werden muss. Minikameras und Roboter erforschen schwer zugängliche Orte.

Mumien sind sehr empfindlich. Um sie nicht zu beschädigen, untersucht man sie heute per Computertomographie.

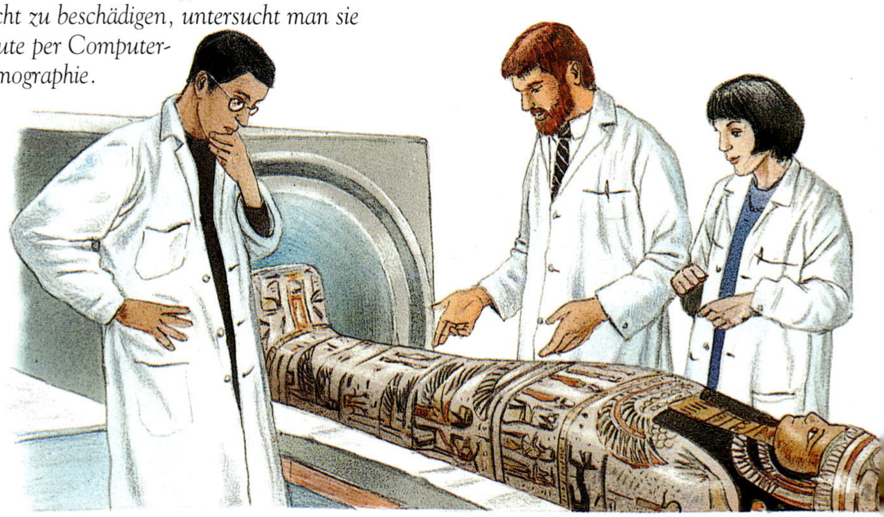

Wiederaufbau der Monumente

Die Ägyptologen sorgen auch dafür, dass die Altertümer wieder errichtet werden. So wird zum Beispiel der Totentempel der Königin Hatschepsut im Tal der Königinnen wieder aufgebaut. In Alexandria suchen Unterwasser-Archäologen im Hafen nach den Ruinen des berühmten Leuchtturms aus der griechischen Zeit. Computerprogramme können originalgetreue Nachbildungen der Tempel liefern. Auf diese Weise kann man sich ein sehr gutes Bild von einer Anlage machen, von der nur noch Reste vorhanden sind.

Schutz der Schätze

Nachdem ein großer Teil der ägyptischen Schätze

Manchmal suchen die Archäologen im Meer nach versunkenen Schätzen wie zum Beispiel im Hafen von Alexandria.

durch Plünderungen in alle Welt verstreut wurde, besteht heute eine der Hauptaufgaben darin, die erhaltenen Schätze aus dem Altertum zu bewahren. Man muss sie vor der Luftverschmutzung und vor Beschädigung durch Touristenströme schützen. Die große Sphinx von Giseh zum Beispiel droht einzustürzen. Ein Forschungsprogramm mit dem Ziel sie zu stabilisieren wurde ins Leben gerufen. Ebenso sind die Gräber im Tal der Könige inzwischen weitaus besser vor den Überschwemmungen geschützt, die manchmal durch heftige Regenfälle in Ägypten entstehen. Im Jahr 1976 konnte die Mumie von Ramses II. dank der Wissenschaft gerettet werden. Mit einer Strahlenbehandlung wurden die mikroskopisch kleinen Pilze vernichtet, von der sie befallen war.

Hindernisse bei den Ausgrabungen

Die Archäologen haben mit unzähligen Schwierigkeiten zu kämpfen. Im Nildelta liegen die Reste der ägyptischen Zivilisation tief im Schlamm vergraben. Gleichzeitig wachsen die ägyptischen Städte sehr schnell. Wenn ein neues Siedlungsgebiet für den Bau von Wohnhäusern ausgewiesen wird, bleibt den Wissenschaftlern nur wenig Zeit, den Untergrund zu untersuchen. Die Anwohner der Dörfer neben der alten Arbeitersiedlung Deir el-Medina (siehe S. 100-102) weigern sich, ihre Häuser zu verlassen, um Forschungen zu ermöglichen. Zudem verschlingen Ausgrabungen und die Instandsetzung der Tempel viel Geld.

Beispiel für eine vom Computer erstellte Rekonstruktion von Karnak

Die Rettung

Auf der Abbildung sieht man links den alten Standort von Abu Simbel unter Wasser. Rechts sieht man die wieder errichteten, höher liegenden Tempel.

Warum bedroht der Staudamm die Tempel?
Der 4 km lange, 1 km breite und 110 m hohe neue Staudamm staut das Wasser zu einem 500 km langen künstlichen See im einstigen Nubien auf. Mehrere Tempel, darunter der von Ramses II. und der seiner Gemahlin Nefertari in Abu Simbel, drohen für immer

In dreijähriger Arbeit wird der Tempel von Ramses II. in Abu Simbel Block für Block versetzt, um ihn vor der Überflutung zu retten.

Im Jahr 1960 droht der künstliche Nassersee im Süden von Assuan mehrere alte ägyptische Tempel zu überfluten. Darunter sind auch die Tempel von Abu Simbel. Man beschließt die Bauwerke abzutragen und oberhalb des Sees wieder aufzubauen.

Warum baut man den Assuan-Staudamm?
Schon lange versuchten die Ägypter den Wasserstand des Nils zu kontrollieren, um auch während der Trockenzeit Wasser zu haben. Zu Beginn des 20. Jahrhunderts wird in Assuan ein erster Staudamm errichtet. Von nun an werden das Niltal und -delta nicht mehr überschwemmt. Ab 1950 wächst die ägyptische Bevölkerung stark an und die Landwirtschaft benötigt mehr Wasser für mehr Anbauflächen. Der ägyptische Präsident Nasser beschließt daher einen zweiten, wesentlich größeren Staudamm südlich des ersten bauen zu lassen.

der Tempel

Nach dem Bau des ersten Assuan-Staudamms stand der Tempel von Philae mehrere Monate im Jahr im Wasser. Wenn er nicht an einen anderen Ort verlegt worden wäre, hätte das Wasser des zweiten Staudamms ihn komplett überflutet.

im Nilwasser zu versinken. Im Jahr 1960 wird ein internationaler Aufruf zur Rettung der Altertümer gestartet.

Wie kann man die Tempel schützen?

Es gibt mehrere Vorschläge: Man könnte den Felsen mit mächtigen Gerätschaften anheben oder die Tempel mit einem Deich umgeben. Man könnte sie aber auch abtragen und 64 m oberhalb ihres eigentlichen Standortes wieder aufbauen. Der letzte Vorschlag wird angenommen. Doch es gibt eine Schwierigkeit: Zunächst muss ein künstlicher Felsen angelegt werden, um den 2500 Jahre alten Tempeln ihren ursprünglichen Rahmen zu verleihen.

Die Rettung von Abu Simbel

Die spektakulären Umzugsarbeiten beginnen 1965. 3000 Arbeiter bereiten den zukünftigen Standort vor. Sie zerteilen die beiden Tempel in 1036 Blöcke von je 20 bis 30 t Gewicht, heben sie an, legen sie oberhalb des Felsens ab und errichten einen künstlichen Felsen. Drei Jahre später sind die beiden Tempel gerettet.

Geschenke aus Stein

Entlang des Nassersee-Ufers werden 14 Tempel gerettet. Vier davon werden an Spanien, Italien, an die Niederlande und an die USA verschenkt als Dank für die Hilfe bei der Rettungsaktion. Einige Stätten konnten nicht mehr gerettet werden und liegen heute unter Wasser.

Philae

Auf der mitten im Nil gelegenen Insel Philae befand sich der Isistempel. Nach dem Bau des ersten Assuan-Staudamms stand er zehn Monate lang im Jahr zur Hälfte unter Wasser. Zwischen 1972 und 1980 wurde er abgetragen und auf einer Nachbarinsel wieder errichtet.

Philae im Wasser

ÜBERSICHT ÜBER DIE DYNASTIEN UND DIE WICHTIGSTEN PHARAONEN

FRÜHZEIT

1. Dynastie (2900-2770 v. Chr.)
Menes
Djer

2. Dynastie (2770-2650 v. Chr.)
Hetepsechmui
Peribsen
Chasechem

ALTES REICH

3. Dynastie (2650-2570 v. Chr.)
Sanacht
Djoser
Sechemchet

4. Dynastie (2570-2450 v. Chr.)
Snofru
Cheops
Chephren
Mykerinos

5. Dynastie (2450-2300 v. Chr.)
Userkaf, Sahure, Unas

6. Dynastie (2300-2150)
Teti, Pepi I., Merenre, Pepi II.

ERSTE ZWISCHENZEIT

7. bis 10. Dynastie
Zahlreiche, nur kurze Zeit regierende Pharaonen

MITTLERES REICH

11. Dynastie (2000-1991 v. Chr.)
Mentuhotep

12. Dynastie (1991-1650 v. Chr.)
Amenemhet I.
Sesostris I.
Amenemhet III.

ZWEITE ZWISCHENZEIT

Ab 1650 Fremdherrschaft der Hyksos. Von der 13. bis zur 17. Dynastie regieren zahlreiche Hyksos-Könige.

NEUES REICH

18. Dynastie (1550-1295 v. Chr.)
Thutmosis I., Thutmosis II.
Thutmosis III., Hatschepsut
Amenophis II., Thutmosis IV.
Amenophis III., Echnaton
Semenchkare, Tutanchamun
Eje, Haremhab

19. Dynastie (1295-1188 v. Chr.)
Ramses I., Sethos I.
Ramses II., Merenptah

20. Dynastie (1188-1070 v. Chr.)
Ramses III. bis Ramses XI.

DRITTE ZWISCHENZEIT

21. Dynastie (1070-945 v. Chr.)
Smendes
Psusennes I., Psusennes II.

22. Dynastie (945-828)
Scheschonq I., Scheschonq II.
Osorkon II.
Takelot II.

23. und 24. Dynastie (828-712 v. Chr.)
Wirre Machtverhältnisse. Teilweise herrschen mehrere Pharaonen gleichzeitig.

SPÄTZEIT

25. Dynastie (712-657 v. Chr.)
Kaschta, Pianchi, Schabaka
Taharka

26. Dynastie (664-525 v. Chr.)
Necho I., Psammetich I.
Necho II., Apries, Amasis,
Psammetich III.

27. Dynastie (525-405 v. Chr.)
Persische Könige

28., 29. und 30. Dynastie
Mehrere persische Könige regieren, darunter Nektanebos I.

31. Dynastie (343-332 v. Chr.)
Persische Herrschaft

GRIECHISCHE ZEIT

Makedonische Dynastie (332-304 v. Chr.)
Alexander der Große
Philippos Arrhidaios
Alexander IV.

Ptolemäische Dynastie (304-30 v. Chr.)
Ptolemaios I.
Ptolemaios III.
Kleopatra VII.

INHALT

Für die freundliche Unterstützung bedanken wir uns bei Philippe Lamarque,
Doktor der *École pratique des Hautes Études*.